U0956093

抖音爆款文案18招

孙凌林　著

中国宇航出版社
·北京·

版权所有　侵权必究

图书在版编目（CIP）数据

抖音爆款文案18招 / 孙凌林著. -- 北京 : 中国宇航出版社, 2022.10

ISBN 978-7-5159-2115-0

Ⅰ. ①抖… Ⅱ. ①孙… Ⅲ. ①网络营销—文书—写作 Ⅳ. ①F713.365.2

中国版本图书馆CIP数据核字(2022)第169453号

策划编辑　白希国
责任编辑　白希国　　封面设计　王晓武

出版发行　中国宇航出版社
社　址　北京市阜成路8号　　邮　编　100830
（010）68768548
网　址　www.caphbook.com
经　销　新华书店
发行部　（010）68767386　（010）68371900
（010）68767382　（010）88100613（传真）
零售店　读者服务部
（010）68371105
承　印　三河市君旺印务有限公司
版　次　2022年10月第1版　2022年10月第1次印刷
规　格　710×1000　　开　本　1/16
印　张　14.5　　字　数　176千字
书　号　ISBN 978-7-5159-2115-0
定　价　39.80元

本书如有印装质量问题，可与发行部联系调换

前 言

没有灵感，没有思路，想了半天还是憋不出一个字来，写不出抖音文案怎么办？这是很多抖音从业者都会遇到的问题。

没有灵感，一切等于零。不可否认灵感的重要性，但如果写文案只靠灵感，那么几个月都没有灵感怎么办？总不能停几个月吧？

有灵感要写，没有灵感也要写。怎么写？用技巧啊。

文案就像数学公式一样，是有一定写作技巧的。文案创作不在于多，而在于精，力求句句戳心，才能引起共鸣。从现在开始努力学习，你也可以做到。

只要你想做短视频，只要你还有梦想，那就和我一起走进爆款文案 18 招吧，在这里，你只需热爱自己的梦想，散发自己的光芒。本书共有 18 招，每招都有详细的原理和实例，通过浅显易懂的方式传达文案写作技巧，只要能掌握这 18 招，相信你撰写文案的能力会更上一层楼。

本书内容全面但并不深奥，通过阅读本书，你一定获得一套属于自己的文案创作方法。这本书就如同读者朋友的字典一样，可随时翻阅，创作灵感也会随叫随到。希望我的付出，能够帮助到更多读者，帮助大家解决创作文案的困扰，让大家用最短的时间学到最有用的知识。

在新媒体时代背景下，好文案是短视频创作的核心。好文案可以帮助更多读者引爆创意，尤其是当下互联网媒介传播已成为“大势”，一定要找到自己和用户需求之间的关系。也许，这本书可以帮你打开心扉，帮你找到“真正的自己”，帮你重新树立信心，并学会分析“人性”，相信对于每个想提升文案写作水平的朋友，都会大有裨益。

本书更加注重读者的思考层面，书中有对每一招文案技巧的讲解，介绍了不同招数在不同情况下的运用方法和精妙绝伦的案例。希望可以带领读者一起领略短视频中不同文案的风采以及对文案的认知，帮助读者建立起独立思考的常规模式，而不是一味地复制粘贴。然而，现在大多数人读书时，往往想要追求的只是干货，寻求的只是立马见效的解决办法。其实，这是一种要把自己留在舒适区的阅读方法，在这个信息大爆炸的时代，在这个充满不确定性的时代，你所追求的永恒不变的干货，不会永远简单地出现在书本里，因为我们的生活是不断变化着的，不能期望过去的经验能够帮助你解决未来所有的问题。

在这里，也想给读者朋友一句忠告：文案不是纸上谈兵的“包袱”，书中有着许多真知灼见。无论做何事，如果只是了解一些粗浅的方法，那是做不出优秀成绩的，毕竟付出实践很重要。

最后，希望本书能够给读者朋友带来一些启发，能够让读者朋友有所收获。

作者

2022 年 8 月

目 录

第一招　醉翁之意

为什么想做短视频？仅仅是为了让视频被更多人看到，被更多人喜爱吗？

不否认有人愿意用爱发电，不图回报，但相信更多人还是想通过短视频赚钱的。那么，怎样才能做出赚钱的短视频账号呢？

首先，必须确定自己的账号定位以及变现方式。不同的账号定位不同，变现逻辑也不一样。比如，美妆类账号可以选择直播带货与广告，创业干货类账号可以选择卖课培训，美食类账号则可以销售自己的美食产品。那么，如何赢得用户的信任，并且使客户愿意为此付费呢？打造“人设”必不可少。

“醉翁之意不在酒，在乎山水之间也。”这句脍炙人口的千古名句出自欧阳修的《醉翁亭记》。该句本意是醉翁即作者的情趣不在喝酒，而在于欣赏山中的风景，后来表示本意不在于此，而在别的方面，或别有用心。

这个手法也可以运用在抖音文案创作中，即虽然表面说的是这件事儿，实际上却想要说明另一件事儿。究其原因，与中国人的性格及为人处世风格有关，因为中国人说话比较含蓄，不爱直白地表达想法，有时欲言又止。因此有时说一句话，从表面上看是这个意思，然而，联系实际情况多加揣摩，就会有新的发现，体悟到言外之意、画外之音。

1.“醉翁之意”的作用

在抖音文案创作中采用“醉翁之意”这一招，主要有两个作用：一是树立“人设”，以便后续变现；二是用于炫耀。这里的“炫耀”并非贬义词，而是中性词。因为不仅可以炫耀自身独有的，还可以炫耀观众共有的，从而激发大家的共鸣，打造一个“我懂你”的“人设”。

例如，在一个抖音短视频里，老板问一位阿姨月薪多少，阿姨回答16000 多元，如图 1–1 所示。要知道，2020 年全国城镇私营单位就业人员年平均工资为 57727 元，也就是说人均月薪为 4810 元，不足 5000 元。这位阿姨的月收入是人均月薪的 3 倍，名副其实的高收入人群。这只是一位普通的阿姨，居然能达到这么高的收入水平，那说明这个公司的业务发展得很好，否则也开不起这么高的工资。

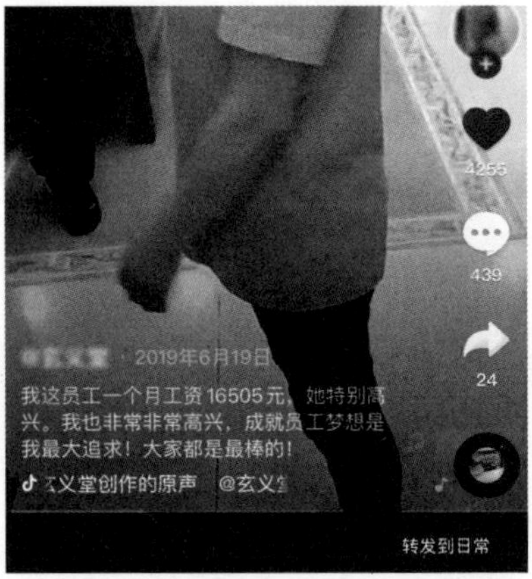

图 1–1 老板问普通员工的工资

当点进该账号，其头像和简介显示这是一个中医正骨的抖音号。因此，将短视频中有关工资的问答与该账号的定位结合起来，就能发现，原来这条视频表面上是说员工工资高、公司经营情况好，但实际上想要表达：“我们的医术很好，很多人来这里看病，如果观众也有中医正骨的需求，请找我们吧！”这层意思你领会到了吗？用“醉翁之意”这一招来创作内容，在委婉传达自身理念的同时，还能树立“人设”，从而更好地变现。

一个素人创作且定位“中医正骨”这样一个细分领域的账号，想要爆红和变现是比较困难的。通过分析该账号的数据，我们可以看到，该账号从 2018 年经营至今，4 年时间只积累了 4000 多个“粉丝”；共发布上百条视频，99% 的视频点赞量不过几十个，只有这条视频的数据鹤立鸡群，点赞量突破 4000，评论量 400+，成为该账号所有视频里名副其实的“顶流”。从视频的评论区也能发现，不少用户表示想要加入该公司一起赚钱，如图 1–2 所示。

图 1–2　网友留言

由此可以猜测，现在的 4000 多个“粉丝”，恐怕绝大多数是通过这条爆红的视频转化而来的。可见，这条运用醉翁之意的视频，对该博主来说，可谓效果显著。

通过上面的例子，不难看出“醉翁之意”这一招对树立“人设”的显著效果。使用“醉翁之意”这一招时，可以先言其他，再隐秘地加入自己真正想要表达的意思,打造好了“人设”,用户才会对该“人设”发表自己的看法，不仅能让用户更加喜欢你的内容，更多地点赞、评论和转发，还能更加容易地变现。

2. 如何用好这一招

要想用好“醉翁之意”这一招，需要与自身“人设”的特点紧密结合。

如果想要打造一个严谨专业的美妆测评专家“人设”，就要经常浏览美妆类的专业杂志、科普书籍、行业 APP、知乎美妆板块以及行业论坛等，丰富内容来源。在日常的文案创作中，也需要引用论文研究数据、实验测试结果，以及权威专家的判断，而非使用个人主观臆测的内容。

如果想要打造一个积极向上的励志“人设”，例如考研究生、考公务员、考事业编制方面的学习博主，那么在日常发布的视频中，就要分享自己的复习进度、使用的学习资料，以及最后的考试成绩，让观众看到博主奋斗的整个过程，以及最终的结果，这样才能真正打动“粉丝”。

如果想要打造一个洞察用户心理，能够讲好故事的剧情号，就要经常跟进时下热点，了解网民在大众话题上的最新观点，懂得换位思考，关注视频里的用户评论。洞察用户心理是讲好故事的关键，也是确保日常文案创作成功的关键。

根据自己的“人设”，结合“醉翁之意”这一招，才能将文案内容创作得意蕴悠长，别具匠心。

3. 案例解析

关于“醉翁之意”这一招的运用方法，我们举例来说明。

（1）程十安 an

2020 年 2 月 15 日，“程十安 an”作为美妆类账号入局抖音，至今已有两年，共发布 129 条作品，平均每个月 7 条。每次更新的视频都在 2 分钟以上，“粉丝”超 2100 万，如图 1–3 所示。该抖音号以无套路、纯干货分享的内容，每个月都能创造巨大的影响力和不菲的经济收入。

图 1–3　抖音“程十安 an”账号主页

本书以她的视频“眼镜美少女必看之戴眼镜怎么化妆?”为拆解对象，这条视频拥有 145.2 万点赞，6.2 万留言，属于抖音短视频中的超级爆款，如图 1–4 所示。让我们来看看程十安 an 在这条视频中是如何运用“醉翁之意”这一招的。

这条视频在开头就说：“今天就是解决一下戴眼镜化妆的一些痛点。”所谓的痛点是指一类人都会遇到的，渴望被满足却从未被满足的需求。从表面上看，程十安 an 是想要告诉用户，戴眼镜的女孩怎么化妆才能解决平时碰到的问题，比如眼镜鼻托会蹭掉鼻梁上的妆，戴眼镜的妆容和日常妆容有何区别，实际上想要传达的弦外之音是“你们需要戴眼镜的化妆方法，不过市面上没有美妆博主告诉大家如何操作，现在我就来解决这个难题，快来认真看、仔细听，分享给你周围需要这个方法的朋友。快来和我互动，快来关注我吧”！

图 1-4　视频“眼镜美少女必看之戴眼镜怎么化妆？”

用一句话开门见山地打造出了专业美妆博主的“人设”，显示了自己与其他美妆博主的不同，让用户感知到了她化妆水平的专业度，提高了用户对她的信任度，认为她的内容具有不可替代性，也让用户知道程十安 an 非常懂用户的需求，关注用户的需求。对于这样懂得用户、在意用户的专业人士，谁能不动心呢？

果不其然，评论区的一条回复“你真的知道我们想要什么”获得了其他用户 3.9 万次点赞，如图 1–5 所示。由此可见，用户十分认可程十安 an 的内容，认为这些内容符合自己的需要。在这条视频评论区里还有不少用户 @ 朋友来观看。通过“醉翁之意”这一招，树立了程十安 an 的专业形象，打造了其懂用户、懂内容的专业美妆博主“人设”。

图 1–5　“眼镜美少女必看之戴眼镜怎么化妆？”评论区

众所周知，美妆类博主在短视频平台上的竞争非常激烈，程十安 an 却能快速脱颖而出，与其内容创作水平息息相关，每条视频都是针对女性化妆时碰到的小困扰提出的解决方案。开篇点题，直接点出视频的核心内容，干货满满，足够真诚，外加其独树一帜的风格，又怎么会不疯狂“吸粉”呢？

（2）健身女神月儿

“健身女神月儿”属于直播卖货类账号，平时发布的视频以健身为主题，日常分享自己及小姐妹的健身视频，通过日复一日发布健身过程的真实内容，打造了一个真实可信的健身博主“人设”，如图 1–6 所示。为了拉近与观众的距离，还经常举办直播授课活动。

图 1–6　抖音“健身女神月儿”主页

下面以该账号中一条以“表妹减肥”为主题的视频为拆解案例。这条视频发布于 2021 年 11 月 13 日，点赞量高达 88.6 万，评论量高达 4.1 万，如图 1–7 所示。该视频的展现形式为无声字幕 + 视频 / 图片 + 音乐。

这条视频的文案如下。

表妹最初 149 斤，从来不爱运动，肥胖让体质变得很差。开始运动时，汗水流得眼睛都睁不开，运动一会儿就累得够呛。瘦了一点儿，跳舞盘才到货。熟悉跳舞盘阶段，开始适应，跳得有节奏感，瘦到了 130 多斤，围度又减少了，跳得更加起劲。

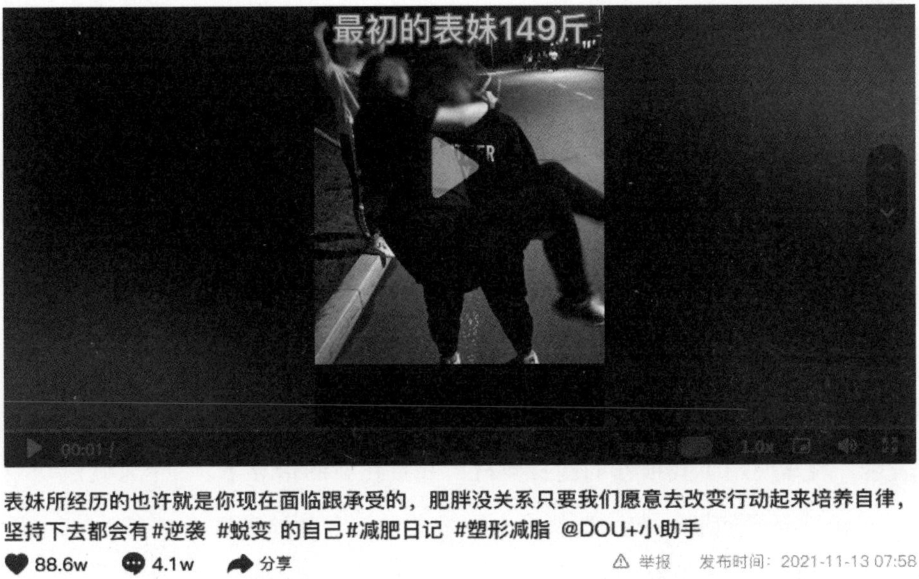

图 1-7　健身女神月儿“表妹减肥”短视频

从胖的时候就带舞，上课时被人取笑肥胖，偷偷哭过但没有放弃。两个月左右变化很大，带课再没有人嫌她胖了，越来越多的人认可表妹。两个半月后，原来的衣服肥了太多。表妹更加自信，开始爱美了，喜欢的套装能穿了，体重终于下降到 120 斤以内。你是否陪着表妹走过来？

带课编舞越来越优秀。3 个月瘦到将近 110 斤了，出来小蛮腰了。庆幸自己的开始，开心自己坚持了下去。只要你肯改变就一定能实现，100 天胜利的成果，成就了自己更带动了他人。3 个月瘦到 107 斤，完美蜕变。表妹希望能带给你力量，加油！胖不可怕，只要动起来，你也可以像表妹一样，腰围 63 厘米。

刚看到这条励志减肥视频时，会以为和其他博主的内容差不多，都是通过健身房训练、室内瑜伽、户外长跑等方法去减肥，结果却发现整条视频的内容都是只有使用跳舞盘一种形式。跳舞盘对于大多数用户来说是一个新鲜事物，于是忍不住发问："只使用跳舞盘就能达成从 149 斤减到 107 斤的效果吗？"当我们点进这个健身博主的账号主页时，可以看到简介里写着"我是每天都在直播间教健身器材使用带课的博主"，并且直播授课使用的器材涉及跳舞盘、卷腹器，于是我们明白了，实际上这个博主也是运用了"醉翁之意"这一招。

从表面上看，这条爆款视频讲解的是表妹减肥成功的过程，实际上想要表达"表妹使用了我推荐的健身器材，并且在我的指导下，3 个月就成功减掉了 40 多斤。可见，我的器材多么有效，并且我的健身指导多么可靠"。从而进一步打造出靠谱的健身博主"人设"；同时，也向用户传达了一个信息："如果你也想像我的表妹那样成功减肥，就来买我的健身器材，来直播间跟着我一起练习吧！只要跟着我一起锻炼，就能拥有小蛮腰。"

（3）房琪 kiki

"房琪 kiki"主要靠在视频中植入广告实现营收，在抖音上拥有 1156 万"粉丝"，累计点赞量突破 1.3 亿，如图 1-8 所示。房琪 kiki 作为一个旅游博主，真人出镜，分享全国各地的美好风景，视频基本条条爆款，多条视频累计点赞量突破百万。

这里以"房琪 kiki"的视频"你坐过上海的双层巴士吗？夜上海，你是个不夜城。"为拆解视频。该视频点赞量 47.3 万，评论量 2 万，如图 1-9 所示。

以下为该条视频的视频文案。

我在上海逛了一整天，没带手机出门，感觉特别爽。下午我在南京西路，

图 1-8　抖音“房琪 kiki”账号主页

图 1-9　视频“你坐过上海的双层巴士吗？夜上海，你是个不夜城。”

坐了一圈观光巴士，哎，等等，这个打开方式不太对——夜上海，当然得看夜景了。

当你晚上坐在巴士二层穿过外滩，就能明白，为什么歌里要唱“上海是个不夜城”。友情提示：最后一排拍照更好看。最后，我还在胡同里买了一束很好看的花，然后把它送给邮筒了。

花 2 块钱在外滩坐个轮渡，看了一场黄浦江上的日落，在便利店吃了一餐不用赶时间的晚饭，今日消费，33.1 块钱。准备回酒店的时候，不出所料还是迷路了，下意识找手机发现没带，不过还好，它（智能手表特写）也能导航。出门前闪充了 10 分钟，它竟然撑了一整天。这可能是我所有旅行中最沉浸的一次，不会一直盯着手机，也不用拍照发朋友圈炫耀。“结庐在人境，而无车马喧。”没想到，我居然和陶渊明共情了一天。

作为一位旅游博主，出门在外，对于手机的拍照、导航、付款等功能是不可或缺的，但是房琪 kiki 却在视频一开头就申明自己在游上海的过程中没带手机。这样一下子就吊起了观众的兴趣，让人忍不住好奇：不带手机游上海，如何处理导航和支付的需求呢？

这个时候，我们随着博主的镜头发现，原来她打算用智能手表、耳机、相机来完成整个过程，并解决游玩过程中碰到的相关问题。例如，乘坐双层巴士及在便利店购物时使用智能手表进行付款，在旅途中使用智能手表及蓝牙耳机听歌，在迷路时使用智能手表进行导航。

通过一整天沉浸式使用与不着痕迹的产品展示，再顺理成章地带出智能手表的闪充及续航功能“闪充 10 分钟，它竟然撑了一整天”。整篇文案在轻松愉快的氛围中，分别展示了这款智能手表的付款、导航、听歌、闪充及续航功能，几句话就将产品特点及优势传达给了观众。

最后说：“这可能是我所有旅行中最沉浸的一次，不会一直盯着手机，也不用拍照发朋友圈炫耀。‘结庐在人境，而无车马喧。’没想到，我居然和陶渊明共情了一天。”虽然表面上看是在说自己因为没有用手机所以一天的旅行特别轻松自在，但实际上要传达的观点却是，你也想要感受不带手机的生活方式吗？想要纯粹为自己生活吗？想要更加真切地感受当下的快乐吗？你想要成为更好的自己吗？那么，就和我一起使用这款智能手表吧！

由此可见，这一条视频中虽然植入了广告，但是在采用了“醉翁之意”这一招后，比直接告诉你这款产品有多好、呼吁你快来买的内容，不知道高明了多少。观众不仅不会反感，还能产生兴趣。因为这段视频只是在展示旅游见闻及个人感受，博主在稳稳地立住了自己旅游博主“人设”的同时，也不会因为接了广告而导致形象风格大变，引发观众厌恶并取消关注。同时，这条视频的数据也非常优秀，广告商也很满意，可谓一举三得。如此多赢的局面，与采用“醉翁之意”的招式是息息相关的。

在大多数情况下，博主们使用“醉翁之意”这一招时，是想打造“人设”，为后续的变现做准备。毕竟，太过直白的表达容易使观众反感，觉得内容不够“高级”，因此，使用“醉翁之意”这一招潜移默化地表达自己真正的意思，反而更容易达到“随风潜入夜，润物细无声”的效果。

使用“醉翁之意”这一招，并非要大家绞尽脑汁去创作，而是要让用户在略加思考之后，就能发现内容表象之下别有洞天。在保证内容不被反感的同时，从众多竞争对手中脱颖而出，拥有自己的独特魅力。

我们都熟知一句广告语——“钻石恒久远，一颗永流传”，这句话表面上让人觉得钻石可以永久保存、代代相传，实际上是想表达用钻石来纪念爱情，代表着矢志不渝、天长地久。因此，钻石无论是满足人们结婚的需求，还是满足人们收藏的喜好，在人们心中的位置都是不可替代的。这就是“醉翁之意”这一招的妙处所在。

通过前面的学习，我们知道“醉翁之意”这一招表面上是说这件事情，实际上却想让用户知道另一件事情。因此，在使用“醉翁之意”这一招时，必须明白自己真正想让用户知道的是什么。是想引发观众的羡慕情绪；想让观众觉得你具备某方面的特长；还是想向用户推荐某一产品，带动购买风潮……在使用前充分揣摩用户的心理以及行为方式，才不会与自己的目标背道而驰。

综上所述，“醉翁之意”这一招，每个写抖音文案的创作者都可以使用。特别是当大家不方便或者不愿意直白地说明某事时，这一招就显得不动声色却又能将想要呈现的内容讲解清楚。

第二招　逆向思维

什么是“逆向思维”？

“逆向思维”，也称求异思维，与常规思维方式不同。“逆向思维”是对司空见惯的似乎已成定论的事物或者观点反过来思考的一种思维方式，敢于“反其道而思之”，让思维向对立的方向发展，从问题的反面深入地进行探索，树立新思想，创立新形象。运用“逆向思维”去思考和处理问题，实际上就是以“出奇”去达到“制胜”。另藏玄机，别有所得。

作为思维完整性的补充，“逆向思维”是思维新颖的重要体现，是创新能力不可或缺的组成部分。人们通常习惯于沿着事物发展的正方向去思考问题并寻求解决办法，其实，对于某些问题，尤其是一些特殊问题，从结论往回推，倒过来思考，或许会使问题简单化。

“逆向思维”在古今中外都被广泛运用，例如司马光砸缸。在这个故事中，面对孩子落入水缸一事，司马光果断砸缸救人，让水离缸，从而挽救了小伙伴的生命。在这里，人、缸、水，只要分开其中的两个，人就能得救。常规的想法是分开人和缸，司马光的想法是分开缸和水，可以说是典型的“逆向思维”。

在生活中也有不少这样的例子。例如：某时装店的经理不小心将一条高档的裙子烧了一个洞，导致这条裙子无法卖出高价。如果用织补法补救，欺骗客户，也许能蒙混过关。但是，这位经理突发奇想，干脆在小洞周围又挖了许多小洞，并精心修饰，将其命名为“凤尾裙”。一下子，“凤尾裙”就打开了销路，这家时装店也出了名。

在抖音短视频创作上，同样可以运用“逆向思维”，只要创意足够新颖，就有机会获取大量“粉丝”。

1.“逆向思维”的优点

“逆向思维”的优点主要体现在以下3个方面。

（1）有助于提高视频完播率

“逆向思维”，说白了就是要吸引用户等待最后那个扣题（call back），要看完、看懂反转梗，因此很多用户不仅会看完，还会重复看，也就从根本上保证了视频的完播率。

（2）有助于增强内容的独特性

“逆向思维”会优化视频的创作角度和切入点，从而展示其他博主未发现的要点，让你的内容更加与众不同。

（3）有助于账号“人设”的打造

运用“逆向思维”精心创作抖音短视频，很容易就能从同类定位的账号中脱颖而出，因为“逆向思维”的视频很容易让人产生记忆点。

举一个广大青年最容易感同身受的例子——催婚。随着年龄的增长，找对象和催婚的话题量在大家的生活中与日俱增。长辈们总是说：“现在的孩子都怎么了，怎么就不找对象呢？”“这个年龄也该结婚了，怎么就一点不着急呢？”然后和孩子们说，某个熟人的孩子都上幼儿园了。

在抖音博主云吞它爹的视频里就出现了这样一幕，如图 2-1 所示。妈妈一开口："人家楼上老林的……"话还没说完，常年被催婚的观众想必已经知道下面将是一连串催婚的话。谁承想云吞它爹立马接住话头，开始和他妈妈吐槽单身的痛苦，询问妈妈能不能用心地给他找一个相亲对象，认为自己找不到对象的关键原因是妈妈没有努力，然后反反复复地向妈妈唠叨自己的需求。结果他妈妈忍无可忍逃跑了，并且丢下一句"烦死了"。

图 2-1　博主云吞它爹"催婚"主题视频

这一波"逆向思维"的输出是不是比常见的子女向父母解释自己为什么不找对象，制止父母唠叨自己的效果好很多呢？因此在催婚话题上，走父母的路，让父母无路可走，就是"逆向思维"这一招的妙处。

2. 如何用好这一招

怎样更好地运用"逆向思维"这一招来提升自己的文案创作水平呢？

（1）学会变换思维角度去思考问题

思维角度决定了思考的深度和广度。"逆向思维"本身就和常规思维有所不同，想要在日常创作中灵活使用"逆向思维"，就必须多练习换角度看问题。例如，上文提及的反向催婚的视频，原本是父母催子女找对象，结果子女先行一步，询问父母为什么不给自己介绍相亲对象，导致大龄单身无着落。

（2）及时跟进平台热门话题

要想尽可能地发挥"逆向思维"的作用，还需要借助平台的热点话题来助推曝光量。以节假日的热点话题及平台的热榜话题为基础，找到大家当前最关心的内容，并结合自身账号的定位，制作相应的内容，这样才能更好地提升"粉丝"量。

（3）在视频文案中多造梗，埋藏看点

运用"逆向思维"这一招，本身就和常规方式不同，力求标新立异，出人意料。因此，在创作内容时多造梗，更容易促使内容传播。

3. 案例解析

在很多抖音博主的视频里都能看到"逆向思维"这一招的运用。

（1）悠爸长不胖

"悠爸长不胖"是一个育儿类账号，从2020年2月开始更新博主带女儿的日常生活，风格清新活泼，充满生活的趣味。在发布近150条视频后，吸引了59.6万"粉丝"，获得1048.1万赞，如图2–2所示。

这里以该账号的视频"你趴任你趴，我不怕尴尬"为拆解对象，这条视频获得19.2万赞，1.8万条评论，如图2–3所示。下面来看看悠爸长不胖在这条视频里是如何运用"逆向思维"这一招的。

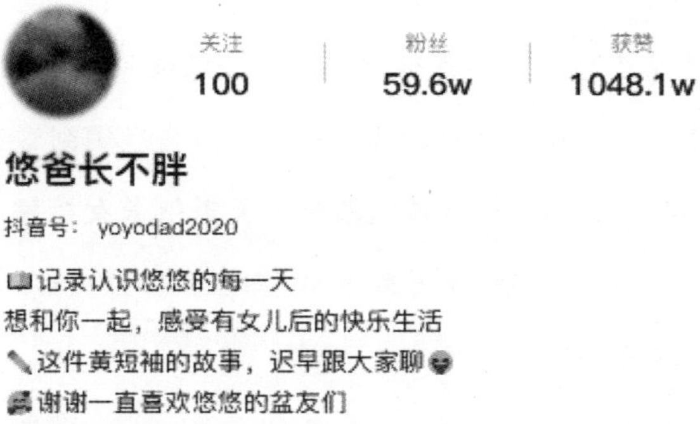

图 2–2　抖音账号“悠爸长不胖”主页

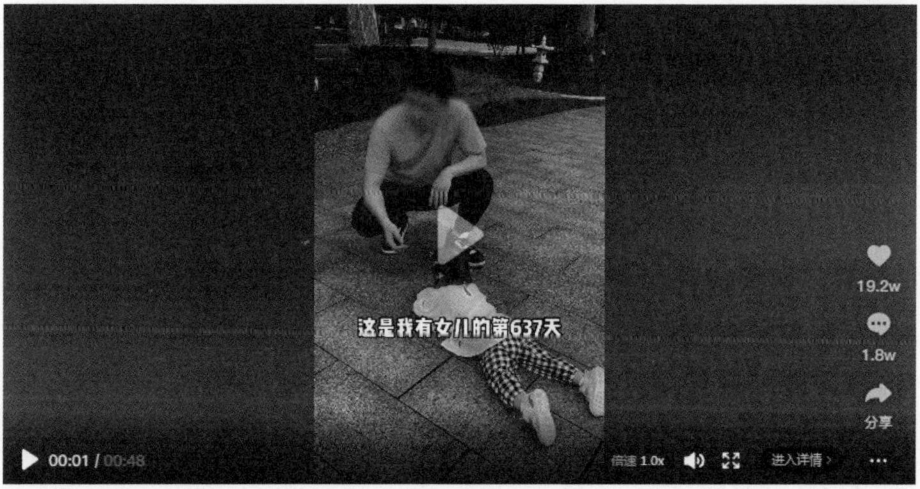

图 2–3　视频“你趴任你趴，我不怕尴尬”

悠爸：这是我有女儿的第 637 天，这个正趴在地上不愿意站起来的女孩，是我的女儿悠悠。

针对孩子不愿意走路的问题，专家说 3 岁以下的宝宝最好抱着，因为宝宝没有安全感。但是，如果一直抱着，我的胳膊也会有酸疼感。

于是又有专家说：“那你出门为什么不带个推车呢？”但问题是偶尔也会

遇到这么长的台阶，总不能抱着推车走。

唉，在听过了各种专家的建议之后呢，我决定自己的孩子自己带。喏，我喜欢以牙还牙，以其人之道还治其人之身。每当我遇到这种情况时，我会选择跟着她一起趴下。因为我知道随着她一天天地长大，她已经明白了什么是尴尬，所以只要你不怕尴尬坚持到最后，那尴尬的就一定是她。

女儿：爸爸起来。

悠爸：我不起。

面对孩子不愿意走路的问题，常规的思路是父母要么顺从孩子，要么强制性地把孩子从地上拉起来，要么听从专家的建议抱着孩子或者用推车推孩子。但是，悠爸却觉得专家的说法不具有可行性，运用“逆向思维”，反其道而行之——孩子不愿意走路，要趴在地上，那么自己也跟着孩子趴在地上。只要自己不怕尴尬坚持到底，那么尴尬的就是孩子。于是，在视频的最后，果然孩子自己从地上爬了起来，还顺带要求父亲也从地上起来。

因此，这条视频的点赞量迅速冲到了近 20 万。在抖音搜索“反向育儿”这个关键词，在全部搜索结果中，这条视频也是排名前列的。由此可见，这条视频足够新颖，十分受欢迎。

（2）小王同学 a

抖音账号“小王同学 a”是情侣剧情号，如图 2-4 所示，分享的是情侣小王和老邵之间的日常生活。虽然画面没有美颜滤镜，但是胜在风格搞笑且甜蜜，在抖音上非常受欢迎。视频内容几乎条条爆款，大多数视频都有 20 万以上的点赞数，甚至有 7 条视频突破百万点赞数。至今发布了不到 100 条视频，但是账号“粉丝”数高达 536.8 万，获得 1 亿点赞。

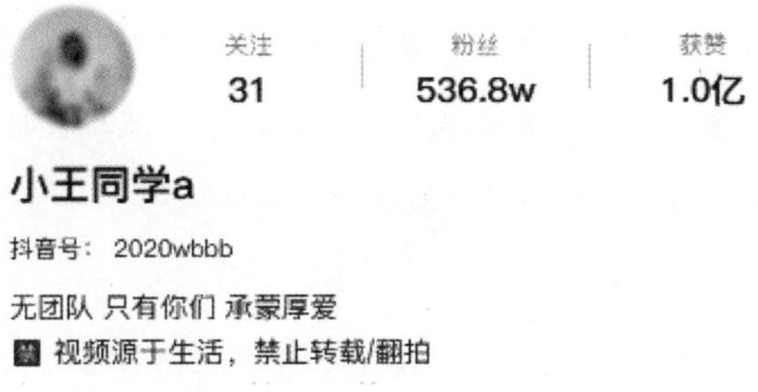

图 2-4　抖音“小王同学 a”账号主页

这里以该账号的视频“给男朋友反向画大饼”为拆解对象，这条视频获得了 23.2 万赞，1.6 万条留言，如图 2-5 所示。这条虽然不是他们发布的视频中点赞量最高的，但是的确与情侣日常生活非常贴近。下面来看看在这条视频里，博主是如何运用“逆向思维”这一招的。

图 2-5　视频“给男朋友反向画大饼”

女生：我嘴巴笨笨的，表达能力差。每次情绪一上来，说话就不经过大脑。我的所作所为说明，我可能算不上一个很好的女朋友。我知道你工作很累，不应该让你再去洗碗，我现在就去把碗洗了，然后再把衣服晾了。

男生：你等一下，你等一下。我错了，行吗？我不辛苦，我不辛苦。（男生去洗碗、晒衣服。）

女生：宝贝，在一起越久，我就越能感受到你的不容易。我觉得自己很幸福，能有一个这么好、这么体贴的男人，在一起到现在从来都没让我吃过苦，都尽力给我你能做到的。你是我见过的最温柔、最深情的好男人。就算你今天下班忘了给我买草莓也没有关系，没事，我可以改天再吃。

男生：我现在就去给你买。草莓蘸白糖，来来，再吃个尖尖。

女生：先不吃了，你先放一下，我有几句话想跟你说。我会和你谈好几年的恋爱，和你度过所有的新鲜感和平淡期，我不想重新认识任何人，我只想和你一直在一起。你现在银行卡不给我也没有关系，等到以后我们结婚了，你再给我也行，反正我们都是要结婚的，什么时候给都是一样的。

男生：宝宝，刚才想了一下，我觉得你说得对，反正迟早都要给你的，那还不如现在给了。

女生：不用吧？不用。

男生：真的真的，拿去嘛，拿去。

每个女生都希望拥有一个爱干家务、温柔体贴且愿意上交工资卡的男友，通常女生会选择用唠叨、埋怨、发脾气等手段让男生按照自己的想法去做，但大多数情况下不见得有效果。视频里的女生却没有使用这类常见手段，而是选择运用“逆向思维”，通过给男友一步步反向画大饼，让其去洗碗、晒衣服、给自己买草莓，以及上交工资卡。不仅让男朋友开心，还达成了自己的目标，真可谓一箭双雕、一举多得。

（3）糖匠

“糖匠”这个账号的定位是戏精家庭的日常生活剧情号，每集视频都讲述了一个小故事，要么是父女之间的搞笑日常，要么是女儿的学渣成长日记，或者是老李与妻子斗法却屡屡失败的卑微生活。因为内容接地气且轻松愉快，整个账号多条视频点赞数破百万，其他视频点赞数也多在 10 万以上，共拥有 287.5 万“粉丝”，收获 6947.3 万赞，如图 2-6 所示。

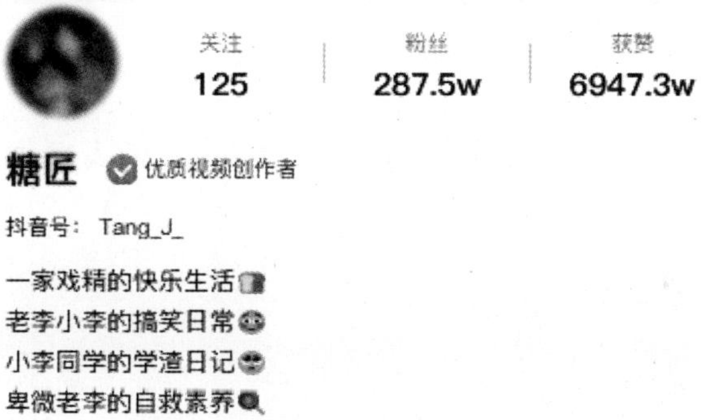

图 2-6　抖音“糖匠”账号主页

男性普遍喜欢藏私房钱，这个行为也被很多妻子深恶痛绝。那么如何根治呢？这里以其视频“媳妇，你这手反向 # 神操作 实在是高……”为拆解对象，这条视频获得 10 万赞，2530 条留言，如图 2-7 所示。下面来看看糖匠这个账号中老李和妻子之间在私房钱上的对抗，看妻子如何运用“逆向思维”这一招浇灭了老李藏私房钱的念头。

图 2-7 糖匠“私房钱”主题视频

老李:（对着女儿）妮儿，我跟你说，你要是以后发现你老公藏私房钱，你可不能学你妈。

小李：她给你没收了？

老李：没收倒好了！多损啊！她发现我藏私房钱的地方，给我往里面塞了 100 块钱。你说我换地方再放吧，她肯定知道我换地方了，弄得我心里也不踏实。你说不换地方吧，我疯了，我给你（对着老婆）存钱了。弄得我花不是，不花也不是。我跟你说，你这老高了，这把你赢了。咱下一回合啊！我跟你说，你太狠了。

这条视频呈现的“逆向思维”是很容易理解的。一般来说，妻子对于丈夫藏私房钱的行为往往直接没收并对着丈夫唠叨哭闹，但是视频中老李的妻子不仅不没收钱，也不唠叨，更不哭闹，而是运用“逆向思维”这一招，来了一把反操作，在老李藏私房钱的地方塞了 100 块钱，不仅震慑住了老李，让其知道自己已经知道他藏了私房钱，还让老李不敢换地方藏钱，更不敢把这笔私房钱乱花，只能乖乖地上交给自己。

4. 注意事项

不管是在日常生活中，还是在创作抖音视频的过程中，我们发现“逆向思维”这一招都挺好用的。不过，在使用“逆向思维”这一招时也会面临不少问题，应该如何解决呢？

（1）实际执行存在难度

要用好“逆向思维”这一招，其实是不容易的，因为反转类内容非常考验创作者的思维能力。另外，抖音视频内容具有短平快的特点，需要将大量的信息浓缩在短小精悍的内容中。所以，创作者在日常生活中多观察、多思考，并且本身就非常擅长“搞事情”，才能驾驭住这一招。

（2）想要吃到红利就需要快

运用“逆向思维”创作出来的内容很容易火，所以一旦做出了优质的选题及内容，就需要尽快推广出去，尽可能实现最大化曝光，吸引一切能转化的“粉丝”。否则视频火了之后，其他博主复制你的内容可能比你更火，数据比你的更好。因此，需要准备好相应的推广预算，让自己吃足该招带来的红利。

总而言之，用好“逆向思维”这一招，通常能帮助账号创作出别样的内容，叫好又叫座。

第三招　解决焦虑

焦虑是指由于情绪或心理上产生内在冲突，进而引发非理性的忧虑或恐惧等感受。这是一种正常的心理反应，任何人都会产生焦虑情绪。因为我们时刻生活在“不确定性”中，正是这种“不确定性”会导致我们陷入焦虑。

焦虑作为当代人的通病，无处不在。有人担心学习成绩不如同学，工作业绩不如同事；有人担忧外表不够美貌，又担心思想缺乏内涵；有人担心病从口入、英年早逝；还有人担心能力不足以反哺家人，被亲戚朋友嫌弃，更害怕被社会抛弃……因此，当有人对你说“我不仅知道你在焦虑什么，还能帮你解决焦虑”时，你是否会心动，并且忍不住听他说一说呢？

这就是我们的第三招：解决焦虑。

1.“解决焦虑”的步骤

“解决焦虑”这一招主要包括 3 个步骤。

第一步：指出问题。

想要帮助别人解决问题，首先要让别人知道他自身存在哪些问题，并且创造对解决问题的需求。因此，我们要通过视频内容主动告诉用户：“你现在有一个很重要的问题需要解决。”

第二步：制造焦虑。

这一步是“解决焦虑”这一招的核心所在。需要通过这一招来给用户制造急切感和焦虑感。当用户知道自己有问题时，不见得会立马采取行动解决这个问题，可能会觉得“这没什么大不了，大家都这样，我也这样，又有什么关系”，或者“我是有点小问题，但是好像并不妨碍我的生活、工作和学习”。用户很可能看过视频后就直接划走了，白白浪费了辛苦创作的内容。因此，必须制造焦虑，给用户一种“如果你不这样做就会产生某种损失或严重后果”，例如“向年轻人贩卖焦虑，向中年人贩卖鄙视，向老年人贩卖健康”。如果记忆力比较好，可能还会记得以下内容：

“见过凌晨 4 点半的洛杉矶吗？”“王健林一天的安排（注：超级紧密的行程表）”“叫醒你的是梦想而不是闹钟”“寒门再难出贵子”“年入百万是穷人”“您来，我们培养您的孩子；您不来，我们培养您孩子的竞争对手”“‘80 后’赚了 15 亿”“你的同龄人，正在抛弃你”……

这类文案之所以能广泛传播，和当下传媒高度发达有关。只要打开手机就能看到各种优秀的人，当用户看到每个人都很优秀时，自然容易产生焦虑情绪。

第三步：给出解决方案。

通过前面两步已经让用户意识到自己存在问题且需要急切解决，这个时候再给出解决方案，就如同医生告诉你有什么病状，立马又告诉你应该如何治疗一样，自然能得到用户的信任与支持。这里的解决方案可以是实物或者虚拟产品，只要能够帮助用户解决自身问题，就有机会实现涨粉、卖货、卖课程等多重目标。

2. 如何用好这一招

以下面这条视频为例，看博主是如何实施以上 3 个步骤，用好这一招的。

如这条文案："这是我见过情商最低的 3 种表现，但凡中了一条，你就应该好好反省一下自己，否则会越混越差……"接着具体说明情商最低的 3 种表现，以及相应的解决方案，如图 3-1 所示。

图 3-1 "情商"主题视频

本篇文案一开头就亮出了"解决焦虑"这一招，指出"我要告诉你们情商最低的人平常有哪些表现，你们可以对号入座，看看自己是否存在这些问题"，一下子就激发了观众继续观看视频的兴趣。你不想往下看，或者你看完以后不想改掉这些坏习惯？那可别怪我没提醒你，你将会越混越差，越来越比不上周围的人，更不要说成为人上人了。如果有这些问题，你应该听听我的建议，这样才能打造良好的社交形象。

整个视频非常流畅地展现了“指出问题”“制造焦虑”和“给出解决方案”的连环3招，从而树立起博主通晓人情世故、有经验、高情商的“人设”。

进入该博主的抖音账号主页，可以看到简介中写着“10年互联网创业，用自创方法论，教你做口播短视频”，如图3-2所示。由此可以了解到，原来博主有着这么丰富的互联网经验，并且顺带做口播短视频这方面的培训。前面因为看了这个博主的视频而建立起信任感的用户，如果也想做短视频创业，就可能想参加这个博主的培训课程。

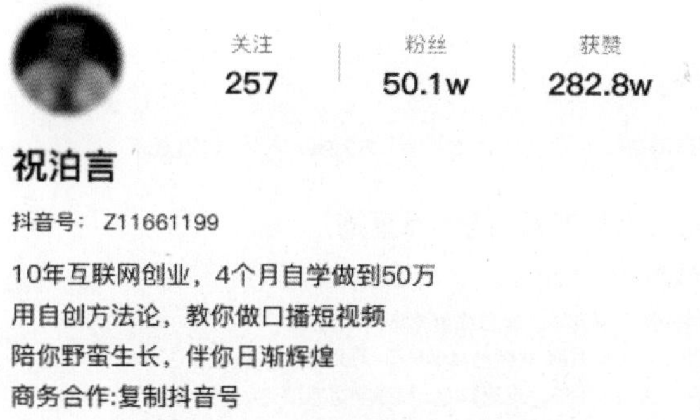

图3-2　抖音“祝泊言”账号主页

通过上面的例子可以看出，“解决焦虑”这一招的内容会让用户产生一种不想落后他人的焦虑感，因为用户想要变得更好，想要知道博主是否有对应的解决方案，从而支撑着用户看完博主的视频。

由此可见，“解决焦虑”这一招对提高视频的完播率非常有用。同时，在使用“解决焦虑”这一招时，告诉了对方你有好的解决方案，有助于打造专业“人设”，实现后续变现。

3. 案例解析

下面来拆解具体案例，告诉大家如何有效运用“解决焦虑”这一招。

（1）北大小马老师

“北大小马老师”是一个卖课类账号。北大小马老师高中就读于河北衡水中学，高考数学 145 分，英语 145 分；先后在北京大学读本科，在北京师范大学读教育学硕士。因此，当他在抖音上分享学习方法和学习窍门时，对于家长和学生来说，就非常具有可信度了。虽然他的视频内容日常点赞量不是特别高，但在只获得 173.6 万个赞的情况下，就有 52.9 万的“粉丝”，如图 3–3 所示。

图 3–3 抖音“北大小马老师”账号主页

下面以其视频“我高考数学 145 分的秘诀都在这里了”为拆解案例，这条视频收获了 15.6 万个赞，如图 3–4 所示。让我们看看北大小马老师是如何运用“解决焦虑”这一招的。

图 3–4　视频“我高考数学 145 分的秘诀都在这里了”

“一周刷完两本数学练习册，从班级倒数逆袭年级第一。”这种故事你最好别信，我高中是衡水中学的，高考数学 145 分考进北京大学，市面上 70%～80% 教你提升数学成绩的方法，都是错的，刷了一大堆题，但是根本看不到效果，白白浪费了时间。

我接下来讲的这个方法，可能连学校的数学老师都没有说过，但这就是帮助我在高中阶段，数学考试经常能接近满分的方法，家长们一定帮孩子点赞收藏。

大多数人学数学，本身就是应对考试的。我们日常生活中学好小学数学就够用了。买菜用不到三角函数，更别说那些听名字就很唬人的数学不等式了。既然是针对考试，换句话说就是针对考试题目，那么就有一个著名的学习数学的方法在我们脑海里出现了，那就是刷题。这也是很多数学老师告诉我们的，想要学好数学，就一定要刷题。刷题确实没有任何问题，但是您家孩子刷题的方法对吗？如果方法不正确，仅靠题海战术来提升数学成绩，是非常低效的。真正的学霸刷个四五道题就能考出好成绩，关键是掌握了这 3 点。

第一，先掌握知识，再去刷题。刷题前要把基本知识搞懂，基本的公式定理、专有名词都要提前搞清楚。记住这句话：刷题是为了学会使用知识。连知识都没有，上来就一顿刷，不要指望这样就能会用。别只埋头苦干，抬起头来看看路对不对。

第二，分析题目的特征。这个我说不出来那种激动的语气，就人工加一下感叹号吧！这点特别重要，就是对每一道经典题目，都要去细细分析，并且记录以下几点。一是用到的公式，二是定理或者知识点，三是题目的条件，四是隐藏条件，五是隐藏条件是怎么来的，六是隐藏条件是怎么看出来的，七是解题思路的简要概述，以及对题目的使用方法的总结。这样虽然很麻烦，但是提升最快，能以最快的速度找到题干。哦，对了，不要忘记经常地反复观看。

第三，反复刷好题。一个人呢，饭量有限。垃圾吃多了，就吃不下好饭，饭前喝水多了也吃不下饭。刷题和这个道理一样，不要刷垃圾题，浪费时间、浪费生命。怎么避免垃圾题？平时刷题前，花个三五分钟，看一遍这些题水平如何。不要觉得这样多花时间，这总比你做了一小时，发现题目毫无价值要好。

一定要把握好这3个原则再去刷题，过一阵子可以来我直播间给我报喜，直播间里我正在分享如何提升孩子的弱势学科，点我头像就能听。

在这个视频中，能够很明显地看到小马老师是如何运用“解决焦虑”这一招的3个步骤的。

第一，指出问题，即“市面上70%～80%教你提升数学的方法，都是错的”。这个开头一下子就能吸引观众的眼球，毕竟70%～80%这个比例太高了，说不定正在观看视频的自己也在其中。

第二，制造焦虑，即“刷了一大堆题，但是根本看不到效果，白白浪费了时间”。“刷题确实没有任何问题，但是您家孩子刷题的方法对吗？如果方法不正确，仅靠题海战术来提升数学成绩，是非常低效的”，让观众意识到很多人都迷失在刷题之中，但是并没有得到好的效果。这个时候观众自然产生了焦虑情绪，既然刷题方法不正确，那么正确的方法是什么呢？

第三，给出解决方案。小马老师在说完前面的刷题问题后，立刻给出刷题的3个原则，同时又告诉大家自己会直播，在直播间又能听到什么有用的知识。

通过这样一系列的操作，直接让大家相信小马老师的专业性与可靠度，于是纷纷点赞及关注。这也是小马老师“粉丝”转化率高的原因。

（2）假面真心

“假面真心”是一个科普类账号，以揭露行业内幕、传递正能量为定位，分享了人们通常不知道或者没有注意到的各类重要知识。因为这些知识与每个人的生活都密切相关，所以这个账号在传播知识的同时，也获得了112.9万的“粉丝”，523.3万赞，如图3-5所示。

图 3–5　抖音“假面真心”账号主页

下面以“假面真心”的视频“你必须记住的，关键时刻能保命的 11 条小知识”为拆解对象，该视频获得了 6.7 万赞，993 条评论，3.3 万转发，如图 3–6 所示。

图 3–6　视频“你必须记住的，关键时刻能保命的 11 条小知识”

恭喜点进来的朋友们，还活着看到这个视频。

生活中真的有太多的致命危险，为了咱们的小命着想，我特意整了一期“你必须记住的11个保命知识”。

第一，冰箱里的冰霜千万不要用刀去刮。因为刀子会划破冷冻室内壁，会造成制冷剂泄漏，一旦泄露在空气中，达到1.9%～4.8%的浓度，就会导致爆炸。

第二，食品里的干燥剂可能会让孩子失明。干燥剂倒进有水的饮料瓶里，会瞬间发生爆炸，万一溅到眼睛里整个眼球会被融化，彻底失明。

第三，千万小心浴室玻璃门突然爆炸。浴室的钢化玻璃升高到一定温度，再碰到温水，不到两秒整块玻璃就会直接炸裂。

第四，不要直接把速冻食品放进油锅。速冻食品外面有一层冰，不解冻直接放进油锅，会让冰迅速变成水蒸气，给人造成严重烫伤……

在这个视频中信息量特别大，一共包括11条关键时刻能保命的小知识。

视频一开头就点出“还活着看到这个视频”“为了咱们的小命着想”“你必须记住的11个保命知识”，让用户产生一种心理，即如果不看、不知道这些知识，那么自己和家人就有可能因为忽略这些而意外身亡，进而产生焦虑情绪。一开头就快速完成了“指出问题”和“制造焦虑”这两个环节，于是观众就在忧心健康、担心生命受损的心态中持续看完了博主所说的“11个保命知识”，而“11个保命知识”中“导致爆炸”“万一溅到眼睛里整个眼球会被融化，彻底失明”“整块玻璃就会直接炸裂”“给人造成严重烫伤”……这些严重的情况也是用户不希望发生的，在增强用户焦虑心理的同时，也让用户认真观看，甚至反复观看、下载、转发给家人朋友。

这条视频的转发量是点赞量的一半，转发率可谓相当高了。从这条视频中，可以看到“制造焦虑”这一招在短视频文案中效果显著。

（3）嘉露玩车

“嘉露玩车”属于带货类账号，主要面向爱车人士，日常更新新车上市、汽车维修保养等内容，美女＋汽车的定位，让她和其他汽车博主区分开。当前已经更新 237 个视频，拥有 110.9 万“粉丝”，获赞 944.7 万，如图 3–7 所示。

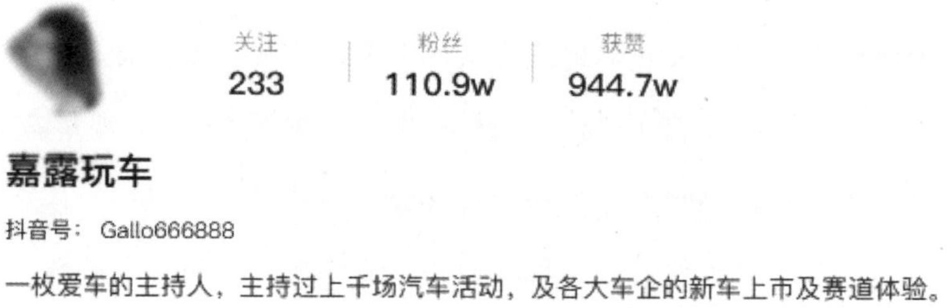

图 3–7　抖音“嘉露玩车”账号主页

下面以“嘉露玩车”的视频“洗车几大要点，你学会了吗？”为拆解对象，该视频收获 6.3 万赞，2315 条评论，如图 3–8 所示。

男：你干吗呢？

女：哎呦，气死我了，我这个雨刷刷不干净，我现在连路都看不清楚，我就换了个雨刷继续刮呀，你要不要帮我？

男：多刮几次嘛！

女：我刮了好多次了，油乎乎的。

男：这是起油膜了，车子在那里放时间长了就容易起油膜，你知道吧？等下我去我车上拿个东西给你用一下，神奇得很。

图 3-8 视频“洗车几人要点，你学会了吗？”

女：很神奇吗?

男：你走开，走开。喏，就这个，左下角链接卖的这个东西很好用的。你这样兑一点，第一次洗这个油膜的时候不要吝啬，多上点；这个雨刷上面也会有油，所以不要忘了擦……

在这个视频中，“解决焦虑”这一招的 3 个步骤是依次呈现的。

第一，指出问题。嘉露在洗车时说“我这个雨刷刷不干净”，开门见山地让观众知道自己是否存在同样的问题。

第二，制造焦虑。随后嘉露又说出，“我现在连路都看不清楚”，让存在同样问题的车主开始心有戚戚，联想这样会带来的潜在后果，进而产生焦虑情绪。

第三，给出解决方案。这时身边的男性向嘉露推荐了一款自己使用的东西，能够很好地把雨刷刷干净，因而激发了观众继续观看下去的兴趣，同时还能被吸引去购买。

为何“解决焦虑”这一招效果如此拔群,因为在当下焦虑是无法避免的。不过,需要注意制造焦虑的“度”,给用户一个他们踮起脚就能够得着的目标。如果难度太高，容易让观众望洋兴叹，放弃努力。

总之，对于抖音创作者来说，“解决焦虑”是文案创作中常见的使用招式。使用“解决焦虑”这一招能提高视频的涨“粉”量,帮助博主树立“人设”并提高用户信任度，进一步提高账号的变现水平。

第四招　巧用标签

所谓标签，就是试图用关键字概括一件事情或者一个人。早在1700年，欧洲印制了用在药品和布匹上以便进行商品识别的第一批标签。现在，在抖音上的标签就像之前贴在药品和布匹上的标签一样，方便用来标志抖音账号及内容的类别。

作为内容创作者，可以在账号的个人简介，日常发布的内容，以及推送文案中植入相应的标签，以便利用平台算法将自己的内容推送给更多精准的用户。

作为内容消费者，如果大家仔细观察，就会发现我们在注册很多内容平台时，平台都会询问我们对哪些标签下的内容感兴趣，如电影、宠物、美妆、美食等。我们选择了这些标签以后，平台就会优先将这些内容推荐给我们观看。在抖音平台也有这类标签，只是和其他内容平台不同。抖音平台会根据用户对视频内容的观看和互动行为，分析每位用户的喜好，从而为用户打上标签。

1.“巧用标签”的好处

无论是内容创作者，还是内容消费者，通过“巧用标签”这一招都能获得很多便利。对于内容创作者来说，其好处主要包括以下两个方面。

（1）通过标签提升转化率

“巧用标签”这一招，除了要围绕视频标签进行创作，在发布时还可使用话题标签，话题标签越精准，能触达的用户也越精准。这样一来，视频也越容易成为爆款。好的视频内容及标签都能为作品争取更多的精准流量，从而提升转化率。

（2）通过标签增加识别和检索的机会

好的标签有助于对内容进行分类，当然也方便用户进行内容检索。因为内容创作者会给视频打上便于搜索的标签，而抖音后台也会根据用户的喜好为用户打上标签。比如，你最近喜欢看宠物，那么标签就是宠物，可能还会具体到柯基或者布偶猫，抖音会把两个标签相结合进行视频内容推送。于是，你在抖音首页就会看到很多可爱的猫猫狗狗。因此，“巧用标签”这一招能够让内容更容易被检索和识别到。

例如，抖音账号“高小雅”，是一个专门说奇怪的恐怖灵异事件的垂直内容博主。这个账号在短时间内就聚拢了 81 万“粉丝”，该抖音账号封面简单粗糙，一看就没有投入很多人力和财力去运营，如图 4–1 所示。

该博主给自己发布的每条内容都贴上“小雅故事”的标签，并且会在封面上概括视频的主要内容，这种方法成功地提高了该标签在平台的识别度。

这种做法能够精准吸引到对相关内容感兴趣的用户，大家会很容易记住这个标签，记住高小雅这个人，想看她的内容时，会主动搜索并且观看。

她的这些视频无论是播放量还是搜索量都特别高，因为她有着鲜明的个人标签。她的一些内容是连载的，能够吸引用户持续观看，如图 4–2 所示，因此能在短时间内迅速积累“粉丝”。

图 4-1　抖音账号“高小雅”主页

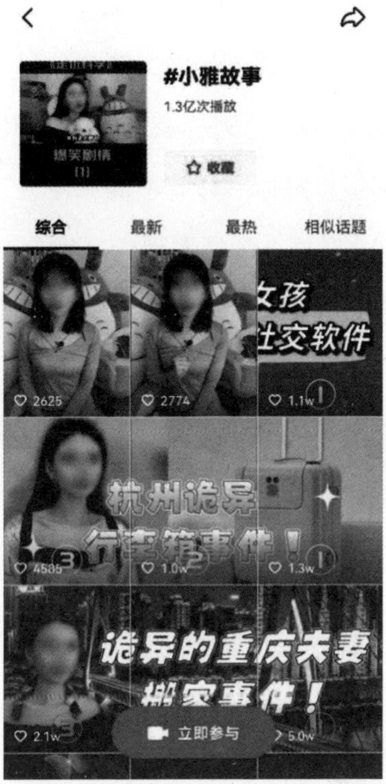

图 4-2　抖音账号“高小雅”连载内容

2. 如何用好这一招

既然“巧用标签”有这么多好处，那么如何使用这一招呢？

（1）坚持在一个垂直领域持续输出内容

每个账号发布的视频内容都需要主题统一，不能今天发布萌宠视频，明天发布电影解说视频，这样受众不会知道你的标签是什么，无法形成用户黏性。还是那句话，什么都想做，意味着什么都做不好。

抖音平台的内容是“大而全”的，但是抖音创作者必须做到“小而美”。我们不需要精通十八般武艺，只需要把我们的三脚猫功夫锤炼到极致。因为抖音平台的用户也是“大而全”的，再冷门的内容都能找到感兴趣的受众。作为短视频内容创作者，要相信抖音强大的算法，要相信抖音的标签。就像那首歌中唱的：“若你喜欢怪人，其实我很美。”若你是个“怪人”，也一定能找到很多跟你一样有趣的“怪人”。

（2）在垂直领域做到内容细分

知道了什么是抖音标签，有助于利用标签来获取精准“粉丝”。

那么，如何利用抖音标签功能，让自己的视频上热门呢？下面这几个方法，都是经过实践认证的，可以让视频被更多潜在“粉丝”看到。

标签万能公式：

地区范围关键词 + 精准关键词 + 拓展关键词 = 你的精准潜在客户的关键词

通过在封面、标题、内容、个性签名等处插入关键词，这样一条完整的视频“标签”就做出来了。用户可以通过搜索关键词搜索到你的视频，更重要的是，标签越精准，视频触达的用户也越精准，根据抖音的推荐算法，成为爆款视频也就是上热门的概率则越大。

这里需要注意，关键词要尽可能简略，越复杂的关键词越难被用户注意到。

3. 案例解析

下面通过具体的案例分析来讲解“巧用标签”这一招。

（1）云吞它爹

“云吞它爹”作为一个生活博主，主要分享的是爸爸、妈妈、自己和妹妹一家 4 口的生活故事。从 2018 年更新至今，共分享了 74 条视频，拥有 452.9 万“粉丝”，获得 8866.8 万赞，如图 4–3 所示。

图 4–3 抖音“云吞它爹”账号主页

被催婚是广大年轻人的日常，这类视频在抖音上屡见不鲜。该账号能出圈，主要在于展现了一对艺术家父母对子女催婚的独特方式。

这些被催婚的搞笑日常被发布以后，其中的多条迅速成为爆款视频，甚至“周云吞今天被催婚了吗”已经成为该博主的经典标签，如图 4–4 所示。由此可见，这些催婚视频是多么受广大年轻人欢迎。

这里以其带有“周云吞今天被催婚了吗”的爆款视频为拆解案例，如图 4–5 所示。

（爸爸边用钢琴弹奏《蓝精灵之歌》的曲调，边唱出以下歌词）

楼上老陈老王老李的孩子都结婚啦 / 他们都有孙子啦 / 孙子会叫爷爷啦 / 可是我的儿子还只会在家里抠脚趾 / 他就是不出去找女朋友 / 啊，儿子 / 你怎么不结婚 / 啊，儿子你要不要脸啊 / 如果今年过年之后 / 还看不到你的女朋友 / 那么你就永远别回这个家。

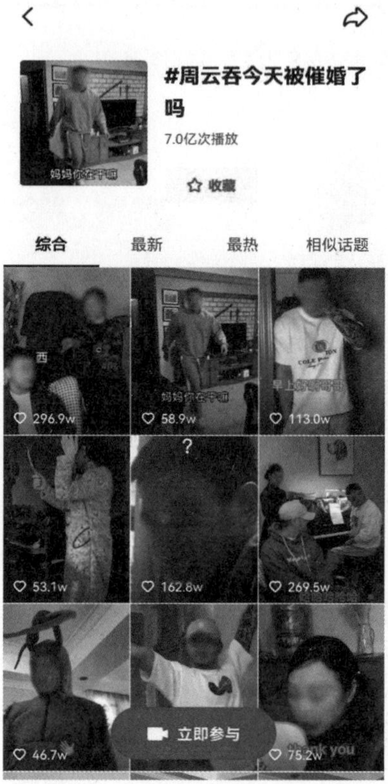

图 4-4 “云吞它爹”被催婚视频

相对于其他家长在子女面前催婚时的絮絮叨叨，“云吞它爹”的爸爸直接唱起了歌，随着博主脸上表情的微妙变化，对比父母最后给他的眼神暗示，催婚方式与众不同，让人哭笑不得。因此，该视频也凭借其独有的艺术气息，赢得了 269.6 万赞，11.3 万条评论，引爆抖音平台。

除了上面这曲由《蓝精灵之歌》改编的《催婚歌》，博主的父亲还改编了其他歌曲来催婚，如图 4-6 所示。

图 4-5　“今天直接来一套咏叹调式催婚哈 #周云吞今天被催婚了吗 #琼娘娘”

图 4-6　“好一个能歌善舞的家庭环境 #周云吞今天被催婚了吗 #琼娘娘”

（博主父亲边用钢琴弹奏《种太阳》的曲子，边演唱改编的催婚歌词，妈妈在旁翩翩起舞）

我们有一个单身的儿子，他到现在都没有女朋友 / 只要一个，一个就够了 / 但是他一个，一个都没有 / 我们老两口，等了一辈子，连句爷爷奶奶都没听过 / 他在挖鼻子，不去谈恋爱 / 真想一脚踢他，一脚踢他上西天。

在该视频中，爸爸的高音和妈妈的舞蹈默契配合，都在暗示儿子找女朋友，博主在旁边非常无奈，画面看起来非常搞笑。这条视频也在抖音上爆火，赢得了 296.9 万赞，13.3 万条评论。

这样搞笑催婚的爆款视频，非常容易让用户观看上瘾，“粉丝”会好奇该博主今天又如何被父母催婚了。当然，博主也发现用户们喜欢看他被催婚的日常，因此在其当前更新的 74 条视频里，有一半都是讲述各种被催婚的日常，从而强化了“周云吞今天被催婚了吗”这一标签。

在抖音平台上搜索“催婚”这个话题时，也能很明显地看到，该博主有 3 个视频分别占据了视频搜索结果页的第二位、第三位、第四位，用户搜索结果页的第一位，如图 4-7、图 4-8 所示。这一切都是“巧用标签”的力量。

（2）高矮胖瘦

“高矮胖瘦”是一个生活博主，以更新一家 4 口人的日常生活为主。账号名称“高矮胖瘦”，成功地将高的爸爸、矮的妈妈、胖的姐姐、瘦的弟弟全部归纳进去，让人一下子就联想到这一家 4 口的相应特点。

从视频内容来看，主要是从女儿的视角吐槽戏精妈妈的日常。“高矮胖瘦”这个账号则更突出“戏精”这个标签。因此，该账号一年内吸引了 700

图 4-7 “催婚”主题视频搜索结果页

图 4-8 “催婚”用户搜索结果页

万“粉丝”，截至2022年1月，已经拥有了870万“粉丝”，获得1亿赞，如图4-9所示。

图 4-9 抖音“高矮胖瘦”账号主页

以其视频“# 百亿剧好看计划 你们母女出行也会如此尴尬吗？ # 妈妈 @ 抖音小助手”为案例进行拆解，该视频获得 148.8 万赞，5.2 万条评论，如图 4–10 所示，且看博主是如何在视频中运用“戏精”这个标签来讲述和妈妈出门买菜的故事。

图 4–10　视频“# 百亿剧好看计划 你们母女出行也会如此尴尬吗？ # 妈妈 @ 抖音小助手”

（女儿和妈妈走在路上）

女儿旁白：跟我妈出门就是一场“灾难”，她打扮了整整一小时，穿金戴银，就是为了去菜市场买菜。

妈妈：我这个样子会不会太引人注目了，哈哈哈！

女儿旁白：（看到路边的栏杆）我的天，这里哪有人？

妈妈：啊……这个地方好漂亮，女儿，快帮我拍照！

女儿旁白：唉……又来了。这条路一天走 8 趟，每一趟都要拍照。（给妈妈拍照）

妈妈：等一下再来一张，刚才闭眼睛了。

女儿旁白：戴着墨镜哪里看得见眼睛？

路边行人：菜市场大甩卖！快去抢！

妈妈：（把包挂在女儿的脖子上，然后转身跑去抢菜）拿着，等我！

（妈妈抢完菜，拎着一大堆东西跑回女儿身边）

女儿旁白：我妈说，每一天都要用力地拥抱生活，但是她会不会太用力了？

在我们眼里，大多数妈妈的形象都是温柔朴实、关心孩子的成长，或者做得一手好家务。但在这个视频里，却让我们看到了一个与众不同的“我惊天动地的老妈”。

通过这个视频，我们可以看出女儿对于妈妈戏精的举止有若干无可奈何的吐槽，包括“跟我妈出门就是一场灾难”“打扮了整整一小时就为去买个菜”“这条路一天走 8 趟，每趟都要拍照”等。通过这些发自内心的吐槽，活灵活现地呈现了妈妈是戏精的特点。正是因为妈妈这样用力地拥抱生活，才让其视频与其他生活类的博主与众不同，并为其视频打上一个“戏精”的标签。

当然，既然这个账号的标签为“戏精”，那么能够体现妈妈是戏精的视频，自然不止一个，我们再从其视频“减肥好难！你们也一样吗？妈妈们是不是都口是心非？”来感知一下创作者是如何巩固妈妈是“戏精”标签的，如图 4–11 所示。

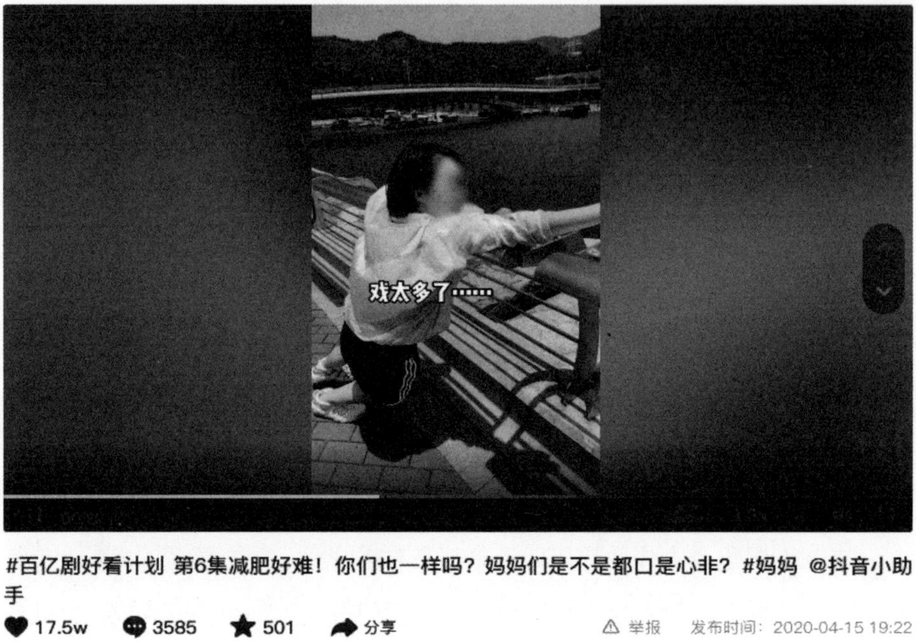

图 4-11 视频“减肥好难！你们也一样吗？妈妈们是不是都口是心非？”

（妈妈和女儿在海边跑步，女儿在前，妈妈在后）

女儿旁白：我终于决定跑步减肥了，妈妈要陪我见证奇迹。我差点信了。

妈妈：（停下来看着海边，大喊）哇！大海全是水！

女儿旁白：不是水，难道全是汤？唉，不管她了。

（女儿跑远，妈妈站在原地开始自拍，妈妈追女儿）

妈妈：喂，快累死了，休息一下吧！

（妈妈跟上女儿，很快又趴在栏杆上）

女儿旁白：戏太多了，才跑了 50 米。

（妈妈只能继续跟上女儿，路过一些餐饮店不肯走了。女儿只好在附近绕圈跑）

妈妈：有炸鸡腿！有红豆冰！

女儿旁白：看不见，听不见……

（妈妈看着对自己爱答不理的女儿）

妈妈：有珍珠奶茶！！

女儿旁白：以我十几年对她的了解，她和我爸肯定打赌看我会不会半途而废，你们死心吧。

（妈妈看诱惑不成，只好继续跟着女儿跑步）

女儿旁白：妈妈说，坚持是无论别人说什么，你都义无反顾。人生能打败你的只有你自己。我想说，还有亲妈……

在这段视频文案中，我们发现妈妈在女儿跑步减肥的道路上都做了哪些"居心叵测"的事情，例如大喊"大海全是水"、才跑 50 米就喊着要休息、看到美食诱惑女儿停下来吃东西，等等，这些戏精行为都不像是我们日常熟悉的母亲所做出来的。

通常，面对肥胖的女儿要减肥，母亲必定会举双手赞成，并且会在旁边不断地激励女儿。因此，视频中的妈妈用自己的一言一行进一步强化了自己的"戏精"标签。

当然，该账号还发布了很多其他类似的视频，正是因为博主不断用视频内容巩固自己的专属标签，该账号的"粉丝"和点赞量的增长情况也十分可观，即便是早期的视频，也大多属于爆款视频。这就是巧用标签的作用。

4. 注意事项

想要"巧用标签"，需要注意以下 3 点。

（1）深化内容，加强个人标签

“巧用标签”这一招能帮你尽可能地聚集最大范围的潜在“粉丝”，只有不断深化内容，做好个人的 IP，才能让自己的账号变得独一无二，让人看到这个标签就想到你。

（2）坚持不懈地做垂直内容

有些博主选择了一个细分方向，例如原本是宠物方向，起初数据好，分享的都是有关宠物的内容；后续数据掉下去，又改做美妆方向。这样不断更改账号的定位，是不利于账号发展的，毕竟原本面向的爱宠人群，不见得会喜欢美妆类的内容。

（3）对自己的账号抱有信心

要相信你的账号是独一无二的。如果你能坚持更新原创内容，并且有信心在该方向进行深耕，肯定能够有所成就的。

第五招　干货福利

干货福利，即通过在视频中展示有用的知识或者具有福利性质的内容，从而吸引用户的注意力。“干货福利”这一招在抖音上也被广泛使用，毕竟大多数的抖音内容，要么有颜，要么有趣，要么有用。“干货福利”则刚好符合“有用”这一点。

1.“干货福利”的优点

“干货福利”这一招主要具备以下优点。

（1）内容优质且垂直，容易接触到目标受众

使用“干货福利”这一招的视频内容普遍是比较优质的，含金量高，因此通过抖音推送覆盖到的人群，也都是比较垂直的，是账号的目标用户。

（2）因为专业，所以信任

要想用好“干货福利”这一招，最重要的是将内容打造得足够专业。因为专业，所以被推送给目标用户时，更容易得到用户的信任，从而方便后续变现。

2.如何用好这一招

如何成功地运用“干货福利”这一招呢？

（1）明确目标用户是谁

不同的视频，观看对象是不同的。在创作视频之前，就要明确观看对象有哪些需求，想要了解哪些方面的知识。

例如：美妆类账号，目标受众主要是爱美的女性，她们肯定想学习正确的护肤知识，或者了解对护肤产品的测评；探店类账号，目标受众主要是喜欢吃喝玩乐且有闲钱的中产阶级，他们感兴趣的是如何找到好吃不贵的餐馆，或是独特有趣的娱乐场所。

（2）整理真实有效的内容

要想用好"干货福利"这一招，整理出真实有效的内容才是核心。

例如：美妆类账号，做测评可从以下方面入手，最新流行的护肤品包括哪些，是否真的有效；采用了哪些科学的测评手段，测评结果如何。只有这样做，观众才会真正认可账号内容的有用性，并且转化为"粉丝"。

（3）内容呈现讲究套路

想让观众看完整条视频，在视频内容的呈现上需要把握住"吸引""期待""留住"6 个字。"吸引"说的是开头用带有诱惑性的词句吸引住用户；"期待"是在第 2 秒左右让用户产生期待心理；"留住"也就是在第 3 秒后通过优质的干货或福利内容留住用户，让用户看完整条视频。

3. 案例解析

下面举 3 个真实的案例进行拆解，方便大家更好地学习如何使用"干货福利"这一招。

（1）花花世界迷人眼

"花花世界迷人眼"是一个以校园生活为主题的抖音账号，分享大学生活及学习知识。该账号在抖音上分享了 270 个视频，拥有 67.2 万“粉丝”，收获 1016.3 万赞，如图 5-1 所示。因为账号主要面向大学生群体，所以整体点赞量不是特别高，大多视频处于千赞级。

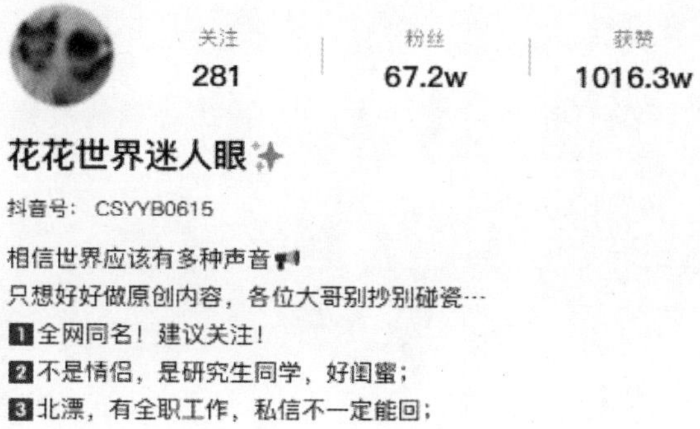

图 5-1　抖音“花花世界迷人眼”账号主页

下面以该账号的爆款视频“这 5 个 # 大学生 一定要知道的 # 隐藏福利！你都清楚吗？”作为拆解案例，该视频收获了 79.6 万赞，1.3 万条评论，如图 5-2 所示，在其所有发布的视频中算是名列前茅的优质视频。让我们看看创作者是如何运用“干货福利”这一招的。

男：支付宝五大隐藏功能还有人不知道吗？

女：第一，找兼职。在支付宝直接搜索“校园生活”，点击“找兼职”就可以了，里面有超多的兼职和招聘信息，也有很多知名企业的实习岗位需求和在线校招，大家可以根据自己的时间和能力进行选择。正逢春招，今年毕业的同学们一定要去看看哦！

男：第二，证件照。在支付宝搜索“证件照”，就可以在线制作出各种尺寸的证件照，而且可以在线打印，一下就节省几十块钱哦！

图 5–2 视频“这 5 个 # 大学生 一定要知道的 # 隐藏福利！你都清楚吗？”

女：第三，在线领取骑士卡。在支付宝搜索“骑士特权”就能免费领取骑士卡。美团、饿了么外卖七折，奈雪、COCO 八折，阿迪达斯、耐克正品三折起，还有 200 多种优惠特权，吃喝玩乐都能用。

男：第四，大学生福利。在支付宝里进行大学生认证之后，就可以享受超多大学生的专属优惠了。比如海底捞六九折、必胜客八折，购买苹果设备还有 200 元的优惠券哦！对于学生党来说，简直太友好了。

女：第五，做公益。大家如果有不要的衣服、书籍等，可以直接在支付宝搜索“回收”，交给快递小哥，就可以捐给山区的小朋友，还可以换超多的蚂蚁能量去种胡杨树。

男生：好了，快去看看吧！下课。

在该视频中，一开始就通过“支付宝五大隐藏功能还有人不知道吗”，吸引了用户的兴趣和注意力，然后依次讲解这五大隐藏功能到底是什么。看完视频后，用户会觉得这个视频很有用，害怕以后找不到这个视频，享受不到里面的福利优惠，因此通常会忍不住点赞或者收藏。随着互动量的不断上升，视频会被推荐给更多的用户观看。

（2）黎明医生

“黎明医生”是一个以健康养生为主题的抖音账号，在抖音上拥有186.3万“粉丝”，收获1094.1万赞，如图5-3所示。

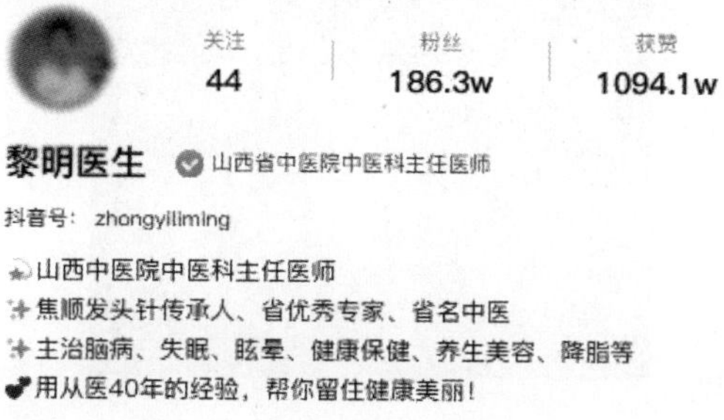

图5-3　抖音“黎明医生”账号主页

下面来看该账号发布的视频“男女通用美肤汤，你一定用得上！”的文案。这条视频收获了113.9万赞，留言3.2万条，被转发16.3万次，如图5-4所示。

你必须得承认，皮肤白、有气色，就是显年轻。不过啊，脸上长斑、发黄也不用发愁，我给大家分享一个男女通用的调节气血、美白淡斑的方子，同时这个方子对所有气血不足和内分泌失调导致的皮肤粗糙、黄褐斑、色素沉着、痘痘、粉刺、痤疮等都有效。

白芍、白术、白茯苓各 5 克，甘草 3 克，水煎温服。

大家还有什么问题，尽管留言私信我。

图 5-4　视频“男女通用美肤汤，你一定用得上！”

“男女通用美肤汤”这个标题一下子就能吸引用户的目光，毕竟变美几乎是每个人都向往的，因此用户也会忍不住继续看。随后创作者具体讲解了该美肤汤都能够解决哪些问题，又应该如何制作该美肤汤。用户看完之后，因为制作方法简单，更是想去尝试。整条视频呈现的都是非常实用的内容，能够快速吸引用户，并最终解决用户的问题。

（3）海马规划

“海马规划”是一个以社保福利、生活百科等实用内容为主题的抖音账号，当前共更新了 108 个视频，拥有 152.3 万“粉丝”，798 万赞，如图 5-5 所示。

虽然该账号发布的绝大多数视频仅在千赞水平徘徊，但是不少内容都十分实用，因此并不影响涨粉。

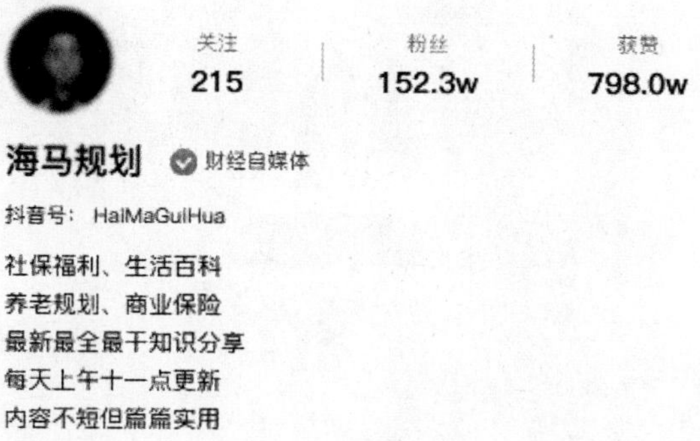

图 5–5　抖音“海马规划”账号主页

下面以其目前点赞量最高的视频“# 社保 # 五险一金一次说清楚。不会用社保？钱都白交了！”为案例进行拆解，该视频是真人出镜的口播形式，获得 141.3 万赞，3.2 万条评论，如图 5–6 所示。我们来看一看，在这条视频中，创作者是如何运用“干货福利”这一招的。

交“五险一金”每个月要扣你上千块钱，但你知道这些钱都能干什么用吗？比如去医院看病，医疗保险能给你报销多少钱呢？养老保险将来能给你发多少退休金呢？男人和女人都交生育险，到底有什么样的区别呢？没工作了，失业保险能给你发多少失业金呢？你交的公积金在外地能够使用吗？这些问题，相信很多人都搞不太清楚，今天咱们就利用一期视频的机会，一次性地给你讲清楚“五险”和“一金”的作用。这期视频很实用，大家可以点赞、收藏，有时间随时观看。

所谓的“五险一金”，就是通常所说的职工社保和住房公积金。首先，咱们来看看大家最关心的养老保险，养老保险是由职工和单位共同承担的，

图 5-6　视频“#社保#五险一金一次说清楚。不会用社保？钱都白交了！”

职工本人承担缴费基数的 8%，单位承担缴费基数的 16%。要在达到法定退休年龄时累计缴满 15 年，才可以按月领取养老保险金。法定的这个退休年龄，女职工是 50 岁，女干部是 55 岁，男性是 60 岁。当然，如果是特殊工种，并在岗位上工作，满足相应的年限，可以女性 45 岁、男性 55 岁退休。如果丧失劳动能力，男性 50 岁、女性 45 岁也可以退休。

养老金主要包括基础养老金和个人账户养老金两部分，按照最低基数缴纳 15 年的话，基础养老金可以领取上年度社会平均工资的 12%。一般来讲，退休后每月也能领取 800～1000 元的基础养老金。个人账户养老金，就是个人全部的缴费余额，包括你自己缴存的部分和按照记账利率产生的利息部分。如果咱们想要养老金更高，就要提高缴费年限和缴费基数。从外部环境来讲，在一、二线城市这些平均工资比较高的地方工作和缴费，对你将来领取更高的养老金也有很大的帮助。

再来看看咱们大家最常用的医疗保险。医疗保险主要涉及的就是看病报销。大家应该都知道，并不是所有的看病花费都是可以报销的。首先，只有社保目录内的药品才可以按比例来报销，医保的综合报销比例是50%～60%；如果是社保目录外的一些花费，就需要自己承担。其次，医保主要是报销住院费用，门诊费用报销从前些年才开始推行开。住院报销的比例是比较高的，以北京的三级医院为例，职工医保可以报销85%～95%，但是全国各地的差异还是比较大的。大家如果想知道各地的实际报销比例，可以咨询一下当地的12333热线。门诊报销是从2020年才开始全面推开的，报销比例不低于50%。但是，门诊报销有一个起付线，比如说北京在1800元以上才能启用，那门诊的医保报销比例是50%～70%。一大部分省市已经实现了实时结算，只要拿着医保卡去就医，出院结账的时候，社保目录内可以报销的那部分直接就被减掉了。个人只需要支付自费的部分，而且这自费的部分，可以先用医保卡个人账户里的余额进行结算。如果是临时的异地就医，没有提前申请异地就医备案，那就需要先自己全部垫付，然后拿着所有的发票和单据回到你的参保地申请报销。

接下来咱们再来看看生育保险。生育险作为五险一金中的一种，名义上已经和医保合并了，但是很多地区还没有完全落实下来。它的费用，咱们个人是不用交的，由企业缴纳职工工资的0.8%。生育险的福利一般有两部分，第一部分是报销产前检查、分娩生育的相关费用。有的地方可以跟医保一样，直接在医院进行报销；有的地方需要通过单位来申请报销。还有一部分就是生育津贴，也就是社保机构给你发的产假期间的工资，一般是先由公司垫付给你，然后公司再去找社保局要回应领取的生育津贴。

大部分地区都要求至少累计缴纳满9个月，而且要在职在保才能享受生育保险的福利。那如果没有缴满，可以等缴满当地要求的时间之后再去申请报销。如果你不在参保地生孩子，生完回到参保地，拿着发票也是可以报销的。男女双方如果都有生育险，是不能重复报销的。但是，男方可以享受15天的陪产假，而且这个期间是有陪产假生育津贴的，也就是带薪休假。如果女方没有生育保险，比如广州就规定，虽然女方不能用男方的生育险来享受产假生育津贴，但是男方的生育险可以报销生孩子费用的50%～70%。生育险作为性价比很高的一种保险，大家千万要珍惜呀！

第四个险种，咱们来看看失业保险。在这两年持续疫情的影响下，很多朋友都用到了这个保险。失业金一般以当地法定最低工资的基数，乘以一个百分比——一般是80%～90%。至于能领多久，就要看我们之前缴费的累计年限了，如果累计缴费满3年，可以领3个月；累计缴费满5年，可以领10个月；但是最多不能超过24个月。在你领取失业金期间，社保机构会顺便帮你交这段时间的医保，享受医保待遇；但是养老保险就不会给你交了，这算是领取失业金的一个代价。如果你不希望自己的社保中断，失业金要不要领，一定要好好地考虑一下。

“五险”中的最后一个是工伤保险。咱们很多人都在上工伤保险，但是真正用过的可能没有多少。根据《工伤保险条例》的相关规定，工伤保险待遇主要包含以下3个方面。第一是治疗工伤所需的费用符合工伤保险诊疗项目目录、工伤保险药品目录、工伤住院服务标准的，从工伤保险基金里面支付费用。第二是享受停工期间的留薪待遇，职工因为工作遭受事故伤害，或者患职业病需要暂停工作、接受工伤医疗的，在停工留薪期间内，原公司福利待遇不变，由所在单位按月来支付。第三是享受伤残补助金及伤残津贴。伤残等级不同，津贴也不一样。

除了上面这 3 项，还有一些其他方面的费用补助，比如住院治疗工伤期间的伙食补助费，以及工伤职工到统筹地区以外就医所需的交通、食宿费用等。

说完“五险”，再说说大家很关心的公积金。公积金最有价值的功能，就是公积金住房贷款 3.25% 的年利率，跟现在的商贷比起来，可以说是非常划算的。假如使用公积金贷款 100 万元，30 年来还，相比利率在 4.9% 以上的商业按揭贷款，就可以省下接近 50 万元的利息。除此之外，公积金还可以用来交房租、装修房子、翻建老家的房子，等等。即便你暂时取不出来，存在公积金账户内也是有利息的，可以当成我们另外一份定期储蓄，攒起来也会是一笔可观的存款。以上就是关于“五险一金”的干货总结，内容很长啊，但是真的很实用。大家如果有什么问题，也欢迎给我们留言或者私信我们。

每个打工人都要缴纳“五险一金”，这让我们到手的钱变少了一部分。那么这笔钱到底有什么用处，我们肯定都很好奇，因此创作者一开始就道破了我们的小心思。紧接着，创作者围绕“五险一金”的缴纳及相应的用处进行展开，让我们清楚地知道，原来这笔钱有这么多的作用。

虽然这个视频时长超过 6 分钟，但是因为其内容讲解得生动形象，而且适用人群广泛，所以这个视频爆红，获得百万级的点赞和十万级的评论。通过这个视频，我们会发现一点，即视频内容无须多么有创意，只要真的有干货，真的能够帮助用户解决问题，那么这个视频也能够获得高赞及涨粉。

在使用“干货福利”这一招时，需要注意一点的是，自己所分享的“干货福利”是否真的为用户所需要。因此，为了让视频内容更加切中用户需求，建议多关注同类定位博主的评论区，多和自己的用户群体沟通，了解用户的需求点是什么，以保证自己的内容能够充分满足用户需求。

第六招　精彩前置

什么是精彩前置呢？

精彩前置，字面意思就是将最精彩、最具有矛盾冲突，也就是最吸引人眼球的部分放到短视频开头，以便在最初的几秒内抓住观众。

1.“精彩前置”的优点

为什么“精彩前置”这一招特别有效呢？

精彩前置盛行，究其原因在于短视频时代大家的耐心告罄，留给一个视频的时间很短。如果在开头两秒不能让用户知道这条视频有哪些可取之处——内容有趣、能与自己产生共鸣、能长知识，那他立马会划走。短视频开头的两秒，称为黄金两秒也不为过，而精彩前置便是对黄金两秒的最大尊重。

在视频开头就用或新奇，或矛盾，或出人意料的内容，将用户牢牢吸引住，向用户传递一个信息，即“这条视频中有你感兴趣的内容”。用户接收到这个信息后，自然也会给予反馈，数据就是最好的证明。因此，将最精彩的内容放在视频的开头，是大有裨益的。

只有将最精彩的部分放在视频最前面进行展示，才能吸引用户观看视频，提升视频完播率，从而输出自己的核心价值，树立自己的“人设”，并且让用户进行更多的互动操作，如关注、点赞、评论、收藏、下载、转发等。这些互动操作能够实现二次传播，并且进一步增大互动的数据量级，从而促使抖音后台将该视频推入下一个更大的流量池，这是每一个短视频创作者梦寐以求的。

举个例子，在抖音博主“小宝先生”的一条视频里就巧妙运用了“精彩前置”这一招。在该视频的开头就点明“我被保洁阿姨上了一课”，如图 6-1 所示。观众看到这里，肯定会忍不住发出疑问：嗯？保洁阿姨能教我们什么？发生了什么？她又是如何教的？带着这些疑问，观众通常会想看下去，那这个视频在开头部分就已经胜利了。

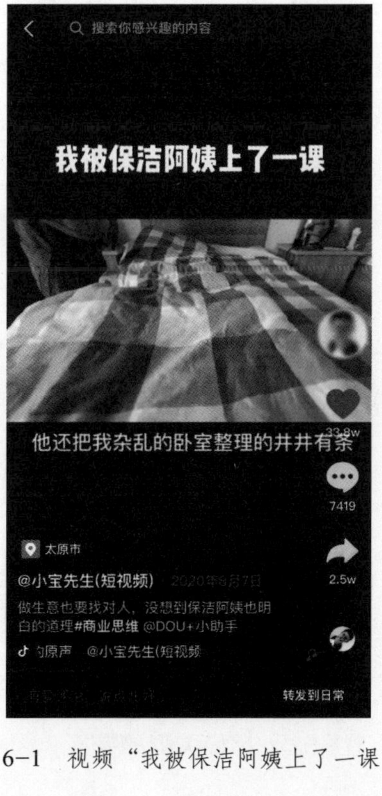

图 6-1　视频“我被保洁阿姨上了一课”

在后续的视频中，博主解释了为什么认为自己被保洁阿姨上了一课：“前两天因为工作忙，通过朋友找了一个家政阿姨来家里做清洁，阿姨不但扫地、拖地、擦玻璃，她还把我杂乱的卧室整理得井井有条，甚至帮我把柜子里的衣服都熨烫得整整齐齐，服务远远超出了我的想象。于是，我对阿姨说：‘我帮你介绍一些客户吧！’阿姨迟疑了一下，好一会儿才跟我说：‘可以是可以，但是我不接穷人家的工作，他们总是用各种理由扣我的钱，我做得不舒心；我也不做有老人家的清洁，他们通常会嫌弃我浪费水电。我现在已经有了稳定的客源，都是我要的类型。’阿姨的这番话让我陷入了沉思。当你的能力达到了一定高度，你就拥有了选择客户的权利，而不是让客户选你。商业的本质就是你永远不能满足所有人，只有找到对的人，你的服务才有价值。”

如果按顺序的叙事手法，那这条文案可能会写成这样：“我通过朋友找了一个家政阿姨，她做事非常稳当、细心，我因此想帮她介绍其他用户。阿姨说了她选择客户的种种条件，我听她如此说，明白了：当你的能力达到了一定高度，你就拥有了选择客户的权利，而不是让客户选你。商业的本质就是你永远不能满足所有人，只有找到对的人，你的服务才有价值。”

这样的文案有什么吸引人的点吗？如此平白且较长的文案，恐怕很少有人乐意听，就更难听博主说完，也就不可能获得 33 万赞。

2. 如何用好这一招

既然“精彩前置”这一招这么有用，那么如何使用呢？实际上，“精彩前置”这一招并不需要特别多的技巧，主要的运用方法包括以下两点。

（1）找到该主题内容中最精彩、最有争议、用户最想看的部分

这是运用“精彩前置”这一招最关键的要素，因此需要我们对主题内容

有足够的敏感性。这种敏感性是可以通过专门训练获得的。比如，经常性地浏览同类主题的短视频及其评论区，了解用户关注的点有哪些，用户存在争议的点有哪些。长此以往，就能了解哪些内容是足够精彩、值得“前置”的了。

（2）撰写“精彩前置”视频文案

要想撰写出好的“精彩前置”视频文案，通常可以先按照常规顺序讲述故事，然后再将其中最精彩的部分移到整个故事的最前面，最后重新梳理一遍文字结构，以确保整个故事完整流畅，对用户具有足够的吸引力。

3. 案例解析

下面通过两个案例来讲解如何使用“精彩前置”这一招。

（1）都市新资讯

“都市新资讯”这个账号以分享各类节目视频的剪辑为主，截至 2022 年 1 月，累计分享 461 条视频，拥有 1076.2 万“粉丝”，获得 6363.4 万赞，如图 6–2 所示。

图 6–2　抖音“都市新资讯”账号主页

该账号的大部分视频点赞量都不足 1000，仅有一条视频“国际通用语言书写相同报告，中文版竟最省心！”获得了 3.3 万赞，如图 6–3 所示。这条视频的文案，就采用了典型的“精彩前置”方式。

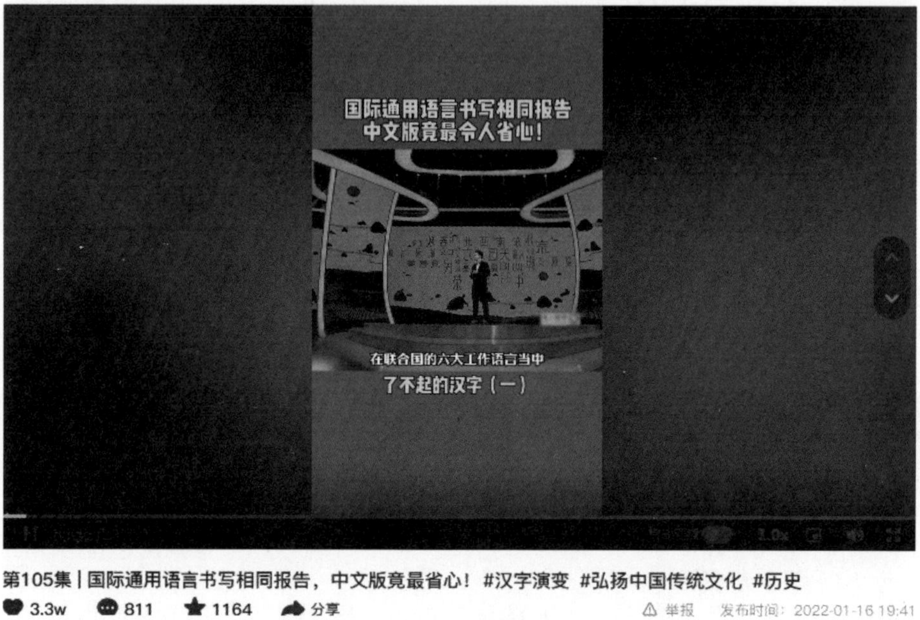

图 6–3　视频“国际通用语言书写相同报告，中文版竟最省心！”

联合国的六大工作语言当中，同样内容的报告，你闭着眼睛用手摸，摸到最薄的那个版本，一定是中文版。

同样是背一个乘法口诀，你看我小外甥用中文背：一一得一，一二得二，二二得四，二三得六，二四得八，很快就背下去了。但英国的小朋友用英语怎么背啊？ One times equals one, two times one equals two。所以说，我小外甥如果背到九九八十一，他顶多背到七七四十九，因为我们汉字用单音节就可以表达一个意思。

所以说，在联合国的六大工作语言中，同样内容的报告，你闭着眼睛用手摸，摸到最薄的那个版本，一定是中文版。

除了这种高效性之外，汉字还有一个优点，就是传承性和稳定性。今天随便一个中学生都可以直接阅读先秦诸子百家的著作，他可以自在地跨越千年，直接和历史上的先贤进行思想的对话，为什么呢？因为自秦以后，我们书同文，每一个固定的汉字符号就被赋予了一个相对稳定的意思。也就是说，即便我们相隔了千年，即便我们地域不同，口音各异，我们也可以自在而顺畅地阅读。但是，如果是一个英国人，他要读400年前莎士比亚的原著，就已经很困难了。

这条视频一开头说："联合国的六大工作语言当中，同样内容的报告，你闭着眼睛用手摸，摸到最薄的那个版本，一定是中文版。"这句话一说出来，就让人充满了自豪感，但同时也会好奇，为什么演讲者这么说呢？是什么原因导致中文是联合国六大工作语言中最简洁的文字呢？因此，观众会忍不住看下去，等待演讲者揭开谜底。随着视频的继续播放，我们知道了，原来中文不仅有内容表达的高效性，还有传承性和稳定性，从而进一步对中文有了更深刻的认识，自豪感进一步提升，同时也非常认可演讲者的说法。

如果视频是从演讲者的小外甥背诵乘法口诀开始，估计大家就没有什么兴趣继续看了，毕竟作为中国人，谁不会背乘法口诀呢？等了半天才能看到"联合国的六大工作语言当中，同样内容的报告，你闭着眼睛用手摸，摸到最薄的那个版本，一定是中文版"这句精彩内容，但是早已被淹没在前面冗长的表述里，很难得到3.3万的点赞量。

因此，将最精彩的内容从视频中间拎出来，放在最前面，明显提升了各项互动数据。

（2）王炸夫妻在日本

“王炸夫妻在日本”为抖音的优质视频创作者，从 2020 年 5 月开始在抖音上发布视频，主要分享在日本的生活日常及日本文化。虽然截至 2022 年 1 月只发布了 119 条视频，但是基本上条条爆款，每条视频至少收获 10 万赞，甚至创作出了收获 200 多万赞的超级爆款视频。该博主至今已拥有 631.3 万“粉丝”，5060.4 万赞，如图 6–4 所示。

图 6–4 抖音“王炸夫妻在日本”账号主页

该账号发布的“亏啥不能亏嘴，一个西瓜被你们折腾毁了！”这条视频点赞量超过 200 万，如图 6–5、图 6–6 所示。下面来对这条视频的文案进行拆解。

看日本孩子吃西瓜，可怜死了！

在日本一个西瓜好几百元人民币呀，我这两个闺蜜跟我讲：“咱买一个分分吧！”我顿时觉得日子太惨了，她上来就要拿（西瓜），这玩意不得拍一拍吗？

回来了，分瓜，我分到了一半，小惠和小智各分到了 1/4 块。友谊地

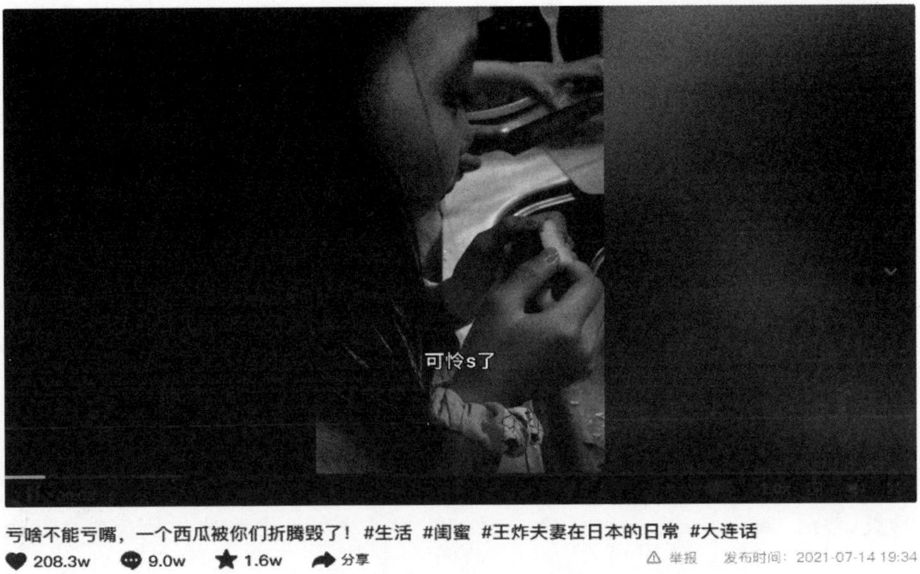

图 6–5　视频“亏啥不能亏嘴，一个西瓜被你们折腾毁了！”

图 6–6　日本西瓜价格

久天长，看小账算的，一共 2380 日元，AA 制，我 1190 日元，她俩每个人 595 日元。哎，给你 605 日元，请找我 10 日元——在日本你千万别说“那么点钱不要了”，说完友谊小船马上翻。

小惠回到家，把 1/4 的西瓜又切了 1/2，说“给俺爸送过去”，我只能说你感动到我了，我要是给俺妈送去 1/8（的西瓜），她估计以后都不能搭理我。

再看看小智回到家，孩子那渴望的小眼神，今天赏赐西瓜一小盘。哎，撒盐吃啊！孩子吃完了，又偷偷去拿了块皮，啃得我眼泪含在眼眶。别说皮了，俺儿专门吃尖，有点西瓜子都不行。剩下的西瓜皮都不浪费，削掉外皮，切成小块，放上姜丝，3 勺酱油、3 勺醋、3 勺糖、1 勺香油，把西瓜皮浸泡在里面，做成咸菜，临走还不忘送我一袋。好好的一个西瓜，给她们累毁了。

我带着她送我的西瓜皮，含泪走到超市，又买了一个大西瓜。

视频在开头就说：“看日本孩子吃西瓜，可怜死了！”看到这里，观众往往想知道，为什么看日本孩子吃瓜就觉得她可怜，引发了观众的好奇心。

往下看，原来视频内容是关于博主在日本买西瓜的事，并且详细说明了博主和两个闺蜜及其家人是如何分配西瓜的，吃西瓜的方式，以及吃剩的西瓜皮还要做成咸菜等情节。通过这些情节，让人感觉在日本西瓜是何等珍贵的水果。中国的用户看到这些自然难以理解，吃个西瓜而已，有必要如此郑重吗？毕竟在中国西瓜只是一种很普通的水果，价格比较便宜，大家并不珍视。这样的中日两国吃西瓜对比，就让我们明白了为什么博主会在视频开头说：“看日本孩子吃西瓜，可怜死了！”

如果博主仅仅是平铺直叙地说出自己在日本买西瓜的经历，在这个短视频充斥的时代，大家真不一定会停下来观看这貌似平平无奇的视频，毕竟谁还没买过西瓜、吃过西瓜呢？

以上两个视频其实运用了两种不同的“精彩前置”手法。第一个案例是将视频中精彩的部分剪辑复制到视频的开头，从而让高光的内容吸引用户的注意；第二个案例是将整个故事最吸引用户的部分最先讲出来，从而抓住用户的眼球。不过，从整体上说，这两种“精彩前置”方法都是遵守了“黄金2秒”的法则，用最短的时间、最优的内容，牢牢吸引住了用户。

“精彩前置”是一个非常实用的文案技巧，它不需要创作者绞尽脑汁去构思各种新奇的语言，设计剧情的反转，只需要将文案中最精彩的部分提到开头即可。这种撰写文案的方式，每条视频都可以使用，一定能帮助你提升视频的互动数据。

第七招　文风新奇

什么是“文风新奇”？我们所讲的“文风”，是指抖音视频文案的文字风格；而“新奇”，意为新颖奇妙、新鲜奇妙。

使用“文风新奇”这一招，要求我们在创作抖音文案时，更好地将内容用新颖的方式来讲述，从而让用户在看视频时感到耳目一新，忍不住为你的创意点赞。

1.“文风新奇”的好处

（1）容易脱颖而出

众所周知，抖音短视频行业的竞争非常激烈。用户在观看短视频的时候，通常几秒钟手指就会滑动一次，如果视频内容不“新”、不“奇”，则很容易被用户轻易划走。相反，文风新奇的视频内容，因为其新颖性、独特性，则相对容易从众多短视频中脱颖而出。

（2）容易带动潮流风向

短视频内容文风新奇，很多时候也能够带动时尚潮流的风向，因为这类内容很容易得到超高的互动量，在抖音上爆火出圈，进而带动更多人模仿与学习。2020年年底的“穷叉叉”梗就是这么在抖音上火起来的。

以知名的抖音博主 papi 酱为例，作为“一个集美貌与才华于一身的女人”，她真的做到了文风新奇，脑洞大开，将自己的所见、所闻、所感以妙趣横生的手法呈现给大众，这些新鲜有趣的视角与内容，让其很快在社交媒体上火爆起来，如图 7-1 所示。

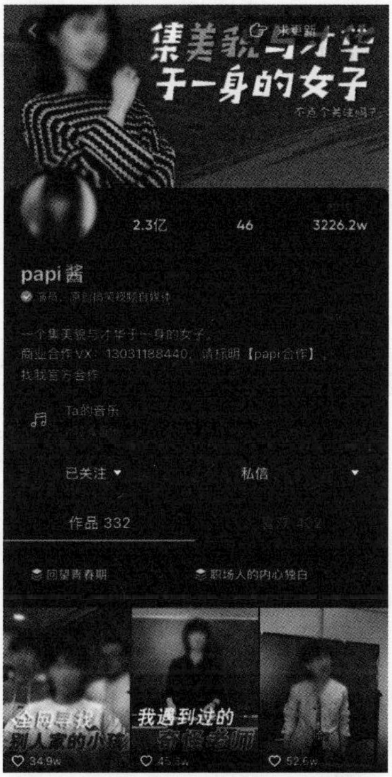

图 7-1　抖音“papi 酱”账号主页

2. 如何用好这一招

“文风新奇”是因为内容和常规的套路不一样。想要运用好“文风新奇”这一招，最重要的是懂得如何驾驭套路和反套路。

（1）了解常见的思维套路

以职场领域为例，常见的套路包括老板为了让员工更好地干活，给员工许下虚假承诺、画大饼；同事专挑软柿子捏，将自己的工作推给别人。

（2）基于常见的思维套路，采取反套路策略

还是以职场领域为例，用好“文风新奇”这一招，才能更好地实现反套路。例如，根据老板向员工画大饼的现象，反向分享员工向老板画大饼的方法；根据常见的职场新人被欺负的现象，分享反抗职场老狐狸的技巧。

3. 案例解析

各个领域都有属于自己的套路和反套路技巧，下面通过具体的案例来进行分析。

（1）段子手

抖音账号“段子手”是一个搬运号，主要更新各类爆笑段子，靠剪辑各类优质节目里的爆笑段子在抖音上获取了大量的“粉丝”与点赞。截至 2022 年 1 月，共有 71 万“粉丝”，272.5 万赞，如图 7-2 所示。

图 7-2　抖音“段子手”账号主页

这里，以“段子手”这个账号的剪辑短视频“学会和孩子沟通真的很重要 # 爆笑 # 专治不开心 # 奇葩 # 家庭教育”为案例进行拆解，该视频获得了 13.3 万赞，1735 条评论，如图 7–3 所示，看傅首尔是如何在《奇葩说》里演绎和孩子的爱恨情仇的。

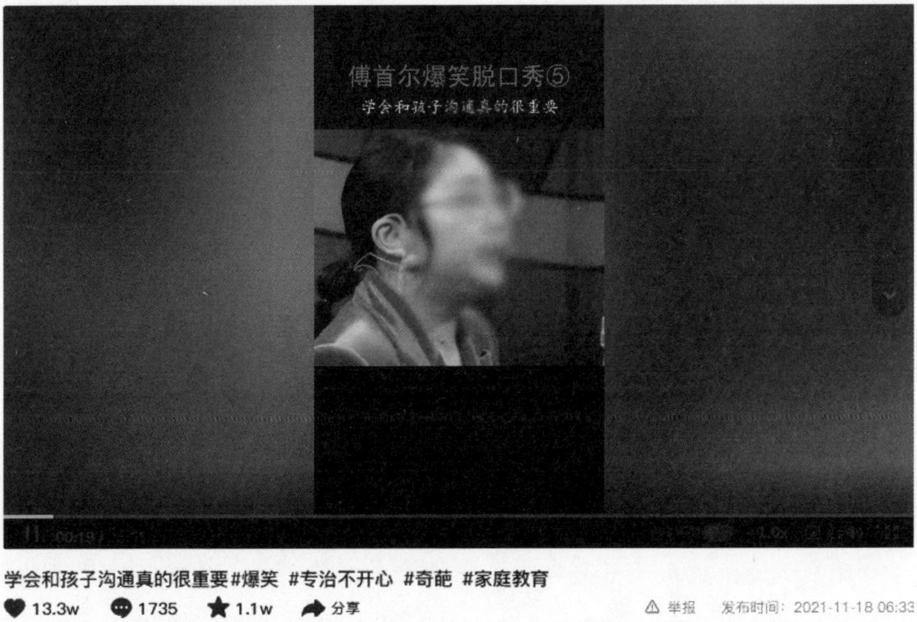

图 7–3 视频“学会和孩子沟通真的很重要 # 爆笑 # 专治不开心 # 奇葩 # 家庭教育”

你说一个小孩儿他能干什么？的确，他干不了什么，但他能让你什么都干不了。

我问我儿子多乐能不能生二胎，他说：“妈，你是不是不忙了，我可以让你马上忙起来。”我相信他是一个说话算话的好孩子，所以他的恐吓非常有效。

一胎是什么？是一个家庭的中流砥柱，我们自己生的，自己不知道吗？他们创造力不一定惊人，但是破坏力非常惊人。

有一次，他说："妈妈，我发现你呀，是个超人。"他爸说："你看你，这还用发现吗？"一问，哎，想去云南旅游，然后我就说："想去一趟云南，有必要夸到这个高度吗？不给自己留点儿空间，以后你想去国外怎么办呢？"我儿子比较机灵，他说："妈妈，我可以加词儿啊！妈妈是个温柔的超人，是超人中的超人哟！"然后他们就去旅游了。

这个故事告诉我们什么？不要质疑别人夸你的动机，你高兴就让他们得逞，不高兴就让他们扩写句子继续夸，反正这就是一句赞美啊！既夸了妈妈又间接地羞辱了爸爸，妈妈是超人，爸爸只是个人，这种赞美太解气了。

那如果孩子物欲横流，超出我的能力，我就会告诉他，家里不富裕。不然呢？我说："老娘有的是钱，就是不想给你花！"这种有病的回答，孩子受得了吗？他会抑郁的，而且还会报复，晚上你叫他写作业，他就会说："我有的是智商，就是不学习。"

开家长会，我儿子不要我去，要他爸去，说："妈，你能不能化点妆，一点儿都不注意自己的形象。你看我爸就很帅。"我想说："你爸当然可以，他所有的时间都用来打扮自己，他能不帅气吗？我要不是当初看脸，我也不能上这么大的当。"

现在的孩子啊，个个都是人间清醒，完全有能力面对现实。我儿子说："那谁谁又买了双球鞋，我也想要。"他爸说："人家是富二代，你又不是。"我儿子说："那你还不努力。"他爸说："我努力了也买不起。"我儿子说："好难过呀，别人靠爹，我只能靠脸。"

孩子多乐观呀！你告诉他家里不富裕，他立刻挖掘了自己的颜值优势，不把自信建立在金钱上多好，毕竟有没有钱是客观的，好不好看可以骗自己。

我儿子小时候有一个信仰。只要集齐所有的武器，他就能变成铠甲勇士。天天催我们买装备，说“不要影响我变身”。我说：“好好做个人不行吗？”孩子说：“那谁马上都变了，就我还是个人。”

告诉孩子童话是假的，要面对真实的生活。我就对我儿子说：“丑小鸭不可能变成白天鹅，它经过努力只能变成丑大鸭。”我儿子说：“妈，它不用努力也是丑大鸭，你别想骗我努力。”

亲子节目里的小孩说：“妈妈好漂亮啊，像童话里的公主，好想娶她。”我看了我儿子一眼，他冷笑一声，问我：“这种苦我爸一个人吃还不够吗？”

我们家小孩儿在他们班绝对不是最狡猾的。就这帮孩子，你告诉他们，童话都是假的，不就暴露了自己缺心眼的事实吗？给他们一个最完美的理由，放下书本，好好吃鸡，是不是？而且我跟你们说，也不必告诉他是真的，我们有时候让他看会儿书，不是为了讨论什么，就是想要六根清净。亲子的时间太多了，我们需要一些闭嘴的时间。

我带多乐的时候，他牙都不会刷。老刘带了3天，他就学会了帮爸爸穿鞋。真的，现在已经干了好几年了。我儿子已经学会了炖汤，成为家庭的顶梁柱指日可待，而且毫无怨言。我就问他，我说：“爸爸带你有什么优点？”他说没有，我说：“再换一个行不行？”他说：“不要，没有优点，但是有感情。”

我的儿子写作文说：“我的妈妈很烦，戴个眼镜，整天忙，不知道忙啥，还喜欢逼我学习。我的爸爸就特别好，工作努力不回家，从来都不骂我。”他都不回家，他怎么骂你？还有，你们都知道，我跟别的妈妈不同，我喜欢搞一点黑暗教育，就是让他早点知道人间不值得。比如我就会问他，我说：“我跟你爸离婚，你跟谁？”我问这个问题的时候是充满自信的，结果他说：“你跟我爸不会离婚的，虽然你们感情一般，但是你找不到比我爸更好的。”

你们老说亲子关系应该这样，亲子关系应该那样。我告诉你们没有“应该”，亲子关系就像衣服，每件都不同，样子不重要，最重要的是舒服。这次来比赛，我儿子给我写了一个条子。这个小纸条说：“老妈加油，我支持你，第二名也很好。”让我感到了一种理解吧！以前我就觉得自己何德何能啊，有这么善解人意的孩子，后来我想通了，完全是我的功劳。我太会沟通了，所以我想说，无论是金钱还是时间上的不富裕都没关系，没有人的生活是完美的。只要我们足够坦诚，愿意跟孩子一起笑对一切不足，我们就能在不完美的生活中收获满足。

在这个案例中，我们可以很明显地看到傅首尔与儿子多乐之间的套路和反套路。

妈妈问孩子能不能生二胎，被孩子反问：“妈，你是不是不忙了，我可以马上让你忙起来。”

通常来说，面对妈妈想要生二胎的情况，孩子要么高兴，觉得自己可以有伴了；要么不高兴，害怕弟弟妹妹分去自己的宠爱。可是，傅首尔的孩子却质疑妈妈是不是不够忙，如果需要，自己可以让妈妈忙起来。这个反套路完全是出乎意料的。

妈妈以为自己在孩子眼中是个超人，没想到孩子只是为了出去旅游而讨好妈妈，即使夸得过度也在所不惜。一般来说，孩子赞美妈妈都是出于真心，但是在这里孩子赞美妈妈却只是想要达成自己出去旅游的目标。

面对孩子过分的物质要求，不敢回答“老娘有的是钱，就是不想给你花”，因为担心孩子晚上写作业的时候会说“我有的是智商，就是不学习”。

一般的小朋友面对作业，要么尽可能拖延，要么就是在父母的强制下哭哭啼啼地完成,但是这里的孩子却敢回复妈妈一句“我有的是智商,就是不学习”,让人哭笑不得。

告诉孩子“丑小鸭不可能变成白天鹅，它经过努力只能变成丑大鸭”,结果孩子说:“它不用努力也是丑大鸭，你别想骗我努力。”一般的小孩可能会接受妈妈的观点，然后努力实现自我的人生价值。但是这里的儿子却能反驳母亲，提出丑小鸭不努力也能变成丑大鸭，并且劝母亲不要再让自己努力。

这些套路和反套路构成了这个视频的若干个笑点，成功运用了“文风新奇”这一招，针对家庭教育中父母和孩子如何互动的问题提出了新思路。

(2)黑喵千岁岁

“黑喵千岁岁”是一个专注分享宠物猫千岁岁日常的账号。视频风格活泼有趣，记录博主和自家猫咪之间发生的一系列脑洞大开的故事，在抖音上广受欢迎，基本上视频条条爆款，每条视频都能收获几十万赞，有的甚至高达 100 多万赞，多次登上抖音热榜。截至 2022 年 1 月，该账号共发布 341 条视频，吸引了 1057.8 万“粉丝”，获得 1.5 亿赞，如图 7–4 所示。

图 7–4　抖音“黑喵千岁岁”账号主页

下面以“黑喵千岁岁”的视频“隐身猫变成了声控猫，当我家黑猫不能再隐身以后……”为案例进行拆解，该视频拥有 49.1 万赞，1.6 万条评论，因为给猫咪穿上了带有声控灯的小衣服而火爆抖音，如图 7–5 所示。

图 7–5 视频“隐身猫变成了声控猫，当我家黑猫不能再隐身以后……”

旁白：当一只黑猫穿上声控小裙裙以后，嘿嘿嘿，无所遁形。隐身猫突然间就变成了声控猫，这事儿搁谁可能都有点接受不了，特别是赶巧，还发生了这样一件事儿。那天晚上想让它拍个视频，拿着手机我就过来找它，千岁岁，你在哪儿呢？嘿，已经发现它了！乌漆麻黑的，我哪知道它在干啥，嘿嘿。可没想到，那个时候在上厕所。哈哈哈哈！啊，又不亮了。嘿，上厕所自带背景光，好像也不错！（猫：上厕所咋也亮呢？）太暗了，我怕你不方便，怕黑。哈哈哈！

该视频的套路和反套路很简单，即隐身 VS 反隐身。面对一只容易“隐身”的黑猫，大多数人只能陷入天天找猫而不得的泥坑中无法自拔，但是博主采取了反隐身的套路，就是给黑猫穿上一件装有声控灯的衣服。有了这件衣服，博主一喊“嘿”，黑猫身上的灯就会亮起来，因此也就上演了一幕博主“嘿”一声，猫咪就无处可躲的喜剧画面。这样的新奇文风，自然博得了很高的点赞量，也因此登上了抖音的热榜。

（3）李程碑

该账号主要分享一对有趣、爱搞怪的夫妻的日常生活，虽然只是普通人的生活，却受到了很多用户的喜爱。截至 2022 年 1 月，该账号已拥有 130 万“粉丝”，获得 2788.7 万赞，如图 7–6 所示。

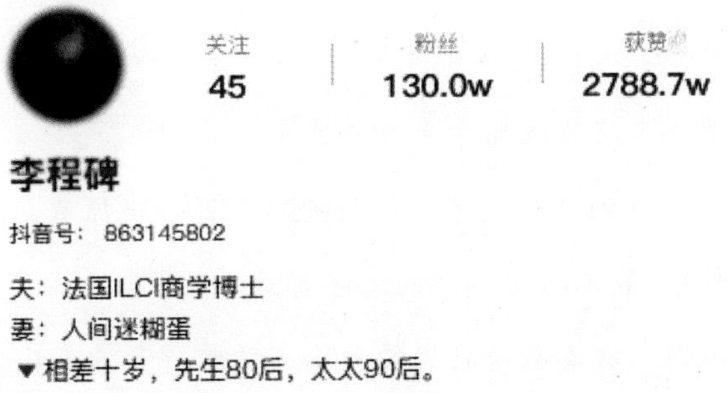

图 7–6 抖音“李程碑”账号主页

这里以其视频“动文我不行，但动武我可以！ #整蛊男友 #套路聊天 #夫妻相处之道”为案例进行拆解，该视频获得 26.3 万赞，1988 条评论，如图 7–7 所示，是一条爆款视频，下面看看博主是如何运用“文风新奇”这一招的。

图 7-7 视频“动文我不行，但动武我可以！#整蛊男友 #套路聊天 #夫妻相处之道”

旁白：我学会了用鲁迅的方式说话。

女：亲爱的，我到底是病了，横竖睡不着，半夜惊醒，翻开笔记本，密密麻麻的全是你。（笔记画面出现的文字都是“猪”）

男：不知为何，看着眉清目秀的自己，竟觉得和你有几分相似。

女：你！

男：不，是陕西的鹌鹑下的两个蛋，一个是你，另一个还是你。

女：啊？

男：鹌鹑蛋用陕西话是——

女：俺蠢，俺蠢蛋呢！你！（口吐芬芳）

在这个视频中，妻子用一本写满了“猪”字的本子套路丈夫，暗示丈夫是猪。接着丈夫反套路妻子，告诉妻子和眉清目秀的自己有几分相似。当妻子生气时，再次套路妻了，说其是陕西鹌鹑下的蛋，并且诱导其用陕西话说鹌鹑蛋，从而让妻子承认自己是个蠢蛋。在这样的套路和反套路过程中，充分运用了“文风新奇”这一招,让人对于这对夫妻之间的日常互动忍俊不禁。

4. 注意事项

使用“文风新奇”这一招，虽然需要博主们脑洞大开，追求新奇，但是要避免走向极端的“怪”，以及为了不一样而刻意与众不同，因此要注意把握好分寸。

在创作抖音短视频时，运用“文风新奇”这一招，就是将我们观察到的新鲜事物、热点时事、趣闻轶事等，以幽默风趣的形式展示出来，减少用户与创作者之间的距离，从而更好地将抖音用户牢牢抓住，实现涨粉的目标。

第八招　震惊大事

什么是震惊大事？

震惊的意思是因受到外界刺激而感到紧张、害怕或者兴奋。大事，意思是重大事件。

在文案中，“震惊大事”指的是在开头就呈现出让观众无法忘怀的瞬间，直击观众内心，刺激观众的感官和心理。

“好的开头是成功的一半”，开头是否吸引人，能够在很大程度上决定这条视频的命运——是吸引用户，引起观众共鸣，进而被转发和分享；还是被悄无声息地直接划走。观众都是有冲动点的，好的开头，可以吸引用户停住目光观看，也就意味着迈出了通往成功的第一步。

1.“震惊大事”开头特点

怎样才算是一个好的“震惊大事”的开头呢？

首先，最好直接表达出大多数人一直想说，却又不敢直说的话，与观众保持平行视角，这样便能在第一时间抓住观众心理，引发用户认同。

其次，开头部分要能够刺激到观众，让观众在心理和情感上大受震撼，引起波动，从而产生看下去的欲望。

最后，开头还可运用一惊一乍的语气，这样也可使观众感到好奇：咦？这是什么情况？发生了什么事啊？观众看着看着，也许还会发表评论：“哦，原来是这样啊，怪不得开头说得那么令人震惊呢！”

下面以抖音博主“月德纲”的视频“我的天呀，你们这群小家雀呀，报告答辩啥的照着念就行……”为例进行讲解，如图 8-1 所示。

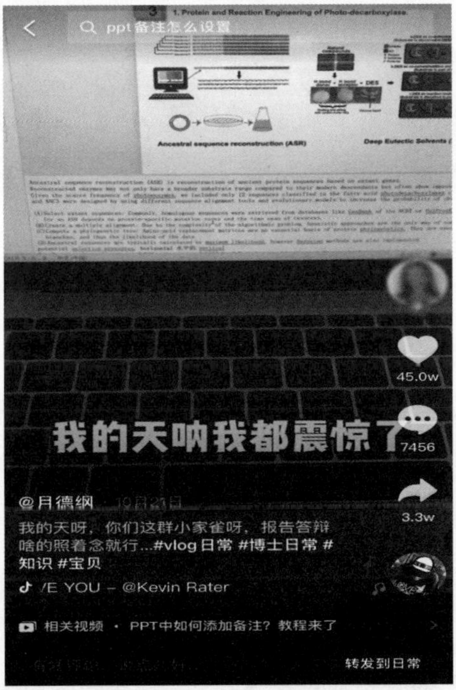

图 8-1　视频“我的天呀，你们这群小家雀呀，报告答辩啥的照着念就行……”

打开视频，第一眼就看到了“我的天呐，我都震惊了”，这句话出其不意，令人好奇，到底是什么事令人如此震惊呢？细看标题，原来是与作报告、答辩有关的内容，如果此时用户正在为类似事件发愁，刷到这条视频，想必会忍不住看下去。不得不说，这简直就像“救命稻草”一般。实际上，这个视频只是单纯告诉大家播放 PPT 的时候，备注里的内容别人是看不到的。明明只是一个小提示（tips），却能让博主讲述得跟发现新大陆一样。

2. 如何用好这一招

只要在开头的黄金 3～5 秒足够吸引观众，基本上就可以算是一个成功的短视频了。那么，如何用“震惊大事”这一招，成功抓住黄金 3～5 秒呢？答案就是放大内容话题点。

通常来说，能让用户感到属于“震惊大事”的话题点，要么是内容很重要，要么是内容很新奇。

重要的内容点，通常包括宝宝类、厨房小妙招类、减肥瘦身类等各种生活工作技能。因为这类技能很重要，所以用户会害怕由于不知道而造成各种损失。

例如：“天哪！玉米吃多了居然这么危险！赶紧 @ 给你身边最爱吃玉米的人看！”正在吃玉米的人或者喜欢吃玉米的人，看后肯定会为之停留。因为我们的第一反应除了震惊外，还会想到家人朋友的安全问题，这个视频刚好抓住了观众的心理，所以观众也就更愿意为这个视频停留、点赞、转发。

新奇的内容点，通常包括科普类、悬疑解密类等内容。这类内容，用户看过之后，容易成为社交货币，在和其他人交流时可以作为谈资。例如：“震惊！没有任何人或者物体可以逃离黑洞！”这样的内容，比较容易吸引用户继续观看。因为用户通过观看视频学习到新的知识，以后在社交中可以讲述给别人，从而显得自己博学多才。

3. 案例解析

（1）妈妈课堂

该账号以分享婴幼儿的养育知识为主题，不过大部分视频的点赞量都很少，仅有 1 条视频点赞量破万。截至 2022 年 1 月，该账号共发布 119 条视频，累计吸引 1.1 万“粉丝”，获得 6 万赞，如图 8-2 所示。

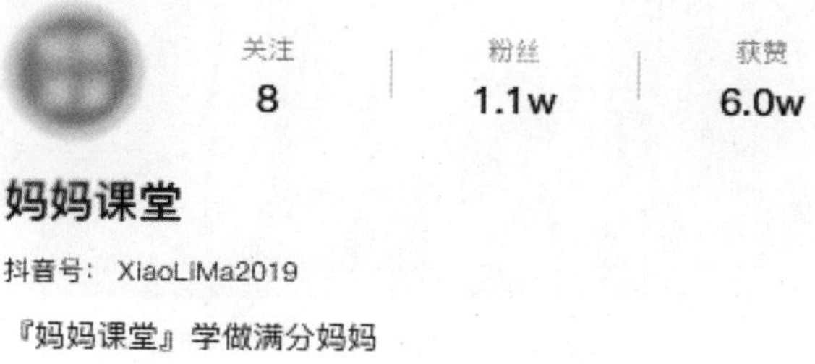

图 8-2　抖音“妈妈课堂”账号主页

下面以该账号的爆款视频“家有 6 岁小孩要注意，不要让这种东西出现在家里”为案例进行拆解，该视频获得了 4.2 万赞，721 条评论，如图 8-3 所示。

家里有 6 岁以下的小孩要注意了，千万别让这种东西出现在家里。水精灵相信大家都玩过，遇到水就能膨胀 10 倍甚至数十倍，万一被小朋友不小心吃到肚子里，在肠道内吸水膨胀，后果将不堪设想。

这条视频在运用“震惊大事”这一招时，放大了与生活相关的重要知识点。“天哪！家里有宝宝的千万别再这样做了！”假设你是一位正带着宝宝的母亲，看到这样一句话，是不是会毫不犹豫地选择继续看下去呢？

图 8-3 视频“家有 6 岁小孩要注意，不要让这种东西出现在家里”

该视频的目标用户很清晰，就是家里有宝宝的人群。看见这样的视频后，相信大部分宝妈会选择继续观看，一是好奇视频中说的东西到底是什么，二是担心自己家里是否有这种东西。

震惊式开头适合各种风格的账号，究其本质而言，都是要最大限度刺激观众的心理，让观众产生巨大的心理波动。

(2) 西橙一米九

“西橙一米九”是一个专注于男性美妆护肤的账号，该账号运营两年半以来，共更新 254 条视频，累计吸引 236.7 万“粉丝”，获得 3272.2 万赞，如图 8-4 所示。

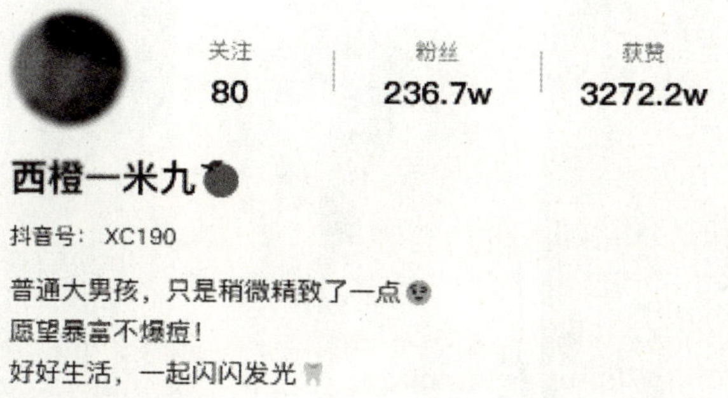

图 8-4　抖音“西橙一米九”账号主页

虽然该账号定位于竞争激烈的美妆领域，但是由于选择了男性美妆护肤这个细分方向，因此一路走来相关视频的点赞数据都比较好。近一年来，基本每条视频都能获得几万赞，有的甚至能够突破十万赞。

这里以其视频“这年头，你们还相信帅哥吗？#小心机 #变帅 #好物推荐”作为案例进行拆解，该视频获得了10.8万赞，2.7万条评论，如图8-5所示。下面来看看博主是如何运用“震惊大事”这一招的。

一个帅哥到底有多假？

别看我这么帅，其实我全身都是假的。

看似傲人的发际线，其实是画上去的，发际线一高，立马增龄10岁。

看似灵动的大眼睛，其实也是假的，贴了（双眼皮贴）VS没贴（双眼皮贴）。

这么高的鼻子也是假的，垫了（鼻子）VS没垫（鼻子）。

你以为我的皮肤就是真的吗？也是假的（撕开液体痘痘贴），底下藏着数不清的痘痘和痘印。

这年头，你们还相信帅哥吗？ #小心机 #变帅 #好物推荐

10.8w 2.7w 2978 分享 举报 发布时间：2022-01-11 18:21

图 8-5 视频“这年头，你们还相信帅哥吗？ #小心机 #变帅 #好物推荐”

耳朵也是假的，贴了（精灵耳贴）VS 没贴（精灵耳贴）。

我宽阔的臂膀也是假的（拿出肩垫）。

想必这身材不可能再造假了吧？其实也是假的（拍拍自己穿着的肌肉衣）。

所以你们还相信帅哥吗？

在视频开头，“一个帅哥到底有多假”这句话一下子就紧紧抓住了用户的好奇心。接下来，博主像剥洋葱一样向用户一层层地揭露自己到底有多假。傲人的发际线是画上去的，灵动的大眼睛是贴了双眼皮贴，高挺的鼻梁是垫高过的，白皙的皮肤上贴了液体痘痘贴，耳朵用了精灵耳贴，肩膀用了肩垫，甚至连身材也造假，因为穿了肌肉衣。

这个时候用户发现，自己看到的这个帅哥，他身上所有帅气的点，居然都是借助各种工具制造出来的。最后，用户只能感慨这个博主真是在变帅这件事情上做到足够专业了。

假如该视频不用“震惊大事”这一招，只是很简单地叙述，如：“为了让自己变得更帅，我给自己画了发际线，贴了双眼皮贴，垫高了鼻子……”我们会发现，这样的表述方式无法激发用户的好奇心，很快就会被划走；用户看后还可能产生反感情绪，认为这位博主实在过于臭美。

因此，充分利用“震惊大事”这一招，能够很好地抓住用户的注意力与好奇心，不仅能提高视频的完播率，还能让用户在被震惊的过程中点赞、评论与关注。

（3）雷米

该账号以分享自己的土豪生活为主，大部分视频内容充满趣味性与猎奇性，其中绝大多数成为爆款视频。该账号仅发布了 135 条视频，在不到 1 年的时间里，就吸引了 506.8 万“粉丝”，获得 4758.7 万赞，如图 8–6 所示。

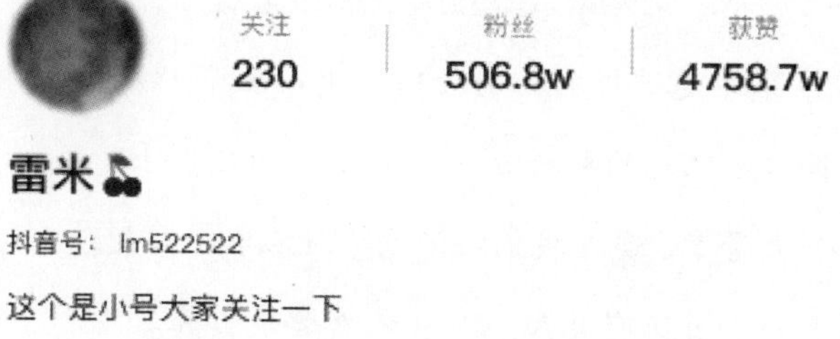

图 8–6　抖音“雷米”账号主页

下面以该账号发布的视频“我的妈呀见世面了！”为案例进行拆解，如图 8-7 所示。该视频分享了土豪“粉丝”给其过生日的故事，让我们看看博主是如何运用“震惊大事”这一招的。

图 8-7　视频“我的妈呀见世面了！”

土豪“粉丝”花 1 亿元给我过生日，把我看傻了。

（走在路上）事情是这样的，前段时间有个土豪“粉丝”，过来给我过生日，还给我准备了 1 亿元的礼物。

我已经接到大哥了，现在我们去酒店。兄弟们，本来我是订了一家酒店，结果大哥说他跟一家酒店有关系，入住不需要花钱的。

（坐在去酒店的车上）我的妈，这个就是大哥找的酒店，太豪华了吧！

金光闪闪！好了，兄弟们，到了，我们下去。

（进入酒店大堂）谢谢，谢谢！

好豪华呀！我的妈呀！这里有个小金人啊！我的天呐！这不会是用黄金打造的吧？

（进入酒店电梯）现在咱们去参观一下大哥的房间。我的兄弟们，原来是要刷卡。这么豪华的酒店到底长什么样子啊？

（打开酒店房门，进入客厅，环视）让我看一下。哇，这里还有一幅画，我的妈呀！外面这个景色也太美了！我的天呐！太奢侈了这个椅子，这个椅子也太豪华了，太美了！这个是烤火炉吗？

（进入套房里的房间）兄弟们，这才是房间。我的妈呀！这应该是总统套房吧！

（在酒店浴室）兄弟们，我的天呐！这个浴缸也太美了！真的是见世面了，兄弟们！

（在桌子旁边展示手上的黑卡）这个是大哥刚才给的一张银行卡，大哥说这几天过生日，我随便花，买架飞机都可以。这个卡的材质好奇怪啊！你们听一下。这是什么？我的妈呀！兄弟们，我刚才查了一下，这个是黑卡，只有那种亿万富豪才能有这种卡。我人都傻了，兄弟们，下一期咱们拿这张卡去买一架飞机，看别人是什么反应！

这个视频在运用“震惊大事”这一招时，放大了过生日这件事里新奇的内容点。从博主的叙述中，了解到一名很有钱的“粉丝”带博主去了高档酒店，并为其预订了总统套房，套房内的一切都让博主感到新奇，关键是这位“粉丝”还给了博主一张据说可以购买一架飞机的黑卡。

试想一下，如果视频中只是简单地叙述这件事情，观众可能会觉得并没有多大的吸引力。

而博主采用“土豪粉丝花 1 亿元给我过生日，把我看傻了”这段文字，就足足吊起了我们的好奇心，毕竟不是每个人都有机会收到价值 1 亿元的礼物。用户会好奇：这到底是一位什么样的土豪“粉丝”？这 1 亿元到底是怎么花的？于是不由自主地继续看下去。因此，这条视频也成为爆款视频。

该视频充分带动了观众的情绪，让观众从大吃一惊，感到好奇，情绪不断起伏，最后恍然大悟。

从该案例中会很明显地发现，运用“震惊大事”这一招对于提高视频的完播率有着至关重要的作用。

4. 注意事项

运用“震惊大事”这一招，在设计选题时要注意把握好主题，也就是该视频要传达的核心观点，切不可想到什么就来什么。另外，因为“震惊大事”这一招本身就有标题党的嫌疑，因此，为了降低用户对于内容的反感，需要做到言之有物，而非虚张声势，虎头蛇尾。只有真正向用户提供有价值的内容，才能促使用户积极与账号互动，做好转发、评论、关注三连操作。

第九招　信息罗列

什么是信息罗列？“信息罗列”就是通过一一罗列信息要点，达到尽快将内容传达给用户的目的。

1.“信息罗列”的优点

“信息罗列”这一招之所以有效，主要是因为其具备以下优势。

（1）内容逻辑结构清晰明了，传播速度快

由于现代生活节奏快，人们很难静下心来去看长篇的理论文字。而在抖音这个快节奏的短视频平台上，一些简单的结论，一些有用的小提示（tips），相对更容易吸引人们的关注、收藏和点赞。所以，在抖音上，信息罗列类的内容更受欢迎，更具有可持续传播性，更容易迅速扩散出去。

（2）内容实用，用户需求旺盛

在抖音上，很多视频都运用了这一招，特别是知识类博主。因为他们的视频内容多半是向用户讲解复杂的知识，采用“信息罗列”这一招，能让用户快速学到相应的知识。

下面以博主“娜扎分渣”的视频“看电影小 tips 来啦 # 恋爱”为例加以说明，这是一条运用了“信息罗列”的典型视频，如图 9–1 所示。

图 9-1 视频“看电影小 tips 来啦 # 恋爱”

该视频中列举了谈恋爱时看电影的 5 个小技巧，包括在男生买电影票时去购买爆米花等零食，进场晚了可以假装看不见拉着男生的衣角，看电影时在耳边交流剧情，假装困了靠在男生的肩膀，如何在吃爆米花时制造不经意的肢体接触，等等。通过讲解这 5 个要点，可以让用户很快知道如何在看电影时和男生拉近关系。由于这些技巧满足了女性用户恋爱时的需求，因此该视频收获了 196.3 万赞，14.8 万条评论。由此可见，“信息罗列”这一招在短视频创作上能发挥巨大作用。

2.“信息罗列”的写作方法

既然“信息罗列”这一招具有如此大的魅力，那么想要用好“信息罗列”

这一招，可以采用以下 3 种写作方法。

（1）按时间顺序写

按照时间顺序展开的内容，能让人清楚地知道事件发生、发展的时间顺序。在文案中使用恰当，就能让读者对整件事情一目了然。

（2）按空间顺序写

按空间顺序写作，有利于全面说明事物各方面的信息。一般说明某一静态实体（如建筑物等），常用这种顺序。空间顺序按照先外后内、先上后下的顺序写作，这样安排合乎人们观察事物的习惯。

（3）按逻辑顺序写

按事物内在联系安排材料，进行说明，可以使用逻辑顺序。例如：使用“首先”“其次”“再次”“最后”等逻辑顺序词，以便讲解清楚想要传达的信息。

3. 案例解析

下面通过具体的案例来讲解，到底如何使用“信息罗列”这一招进行文案创作。

（1）小麦

抖音账号“小麦”是一个用母亲的视角记录自己女儿王小麦日常生活的账号。该账号的风格活泼可爱，充满童趣，虽然分享的只是日常生活，却博得了网络上众多老母亲的喜爱。截至 2022 年 1 月，该账号共分享 666 条视频，拥有 586 万“粉丝”，获得 1.6 亿赞，如图 9–2 所示。

除了早期（2018 年 5 月至 2019 年 7 月）视频多为千赞，中后期（截至 2022 年 1 月）的视频大多为 10 万赞以上，2021 年以后发布的视频甚至多收获 20 万赞、30 万赞，数据快速飙升，呈现出条条爆款的趋势。

图 9-2 抖音“小麦”账号主页

下面以该账号的视频“王小麦的 2021 年终总结……”为拆解案例，该视频收获了 202.1 万赞，9.4 万条评论，预估全平台有近亿用户看过该视频，如图 9-3 所示。

图 9-3 视频“王小麦的 2021 年终总结……”

那么，这条视频是如何运用“信息罗列”这一招的呢？且看拆解。

2021 年 1 月，花了老鼻子钱给你烫头，第二天变成了蒲公英。

2 月，我带你去拍生日纪念照，为了让你跟金鱼有互动，摄影师给了你几颗鱼食。你可能是饿了，看了我一眼就把鱼食吃了。

3 月，你学会了劈木板，后来很长时间，张张再也没有快乐过。

4 月，给你买了个很漂亮的裙子，还配了个发卡，信心满满，相信再也不会有人把你认成男孩儿。（小男孩指着小麦问小麦妈妈：“她是男生还是女生？”）

5 月，你觉得闭着眼睛看不见我的表情，睁着眼睛哭又不够投入，于是你决定一只眼睛哭一只眼睛站岗。

6 月，你会分享冰淇淋给我吃，如果我没上车，你一定会等我。口渴了，你还会拿开塞露给我喝。

7 月，给你买了爬爬架，想让侄子示范给你怎么玩，结果你指挥秋千指挥了半小时。

8 月，你总是拿着小马桶到我面前来上厕所，我终于没忍住问你是不是离不开妈妈。然后你说因为你饿了。

9 月，你终于开始思考你为什么秃。为了撇清关系，妈妈找姥姥要小时候的照片，妈妈对不起你。

10 月，你想闻泰勒（泰勒是一只猫）的屁股，被泰勒拒绝之后，你跟它软磨硬泡了很久，终于闻到了它的屁股，然后你干呕了。

11 月，妈妈发现了你和其他小孩不同的地方，例如，你玩蹦床从来不在蹦床上跳，玩滑板也从来不在滑板上玩。

12 月，你掰断了玲娜贝尔的尾巴，你让奥特曼穿着红拖鞋娶了芭比娃娃，你还教会我们“爸爸的爸爸叫妈妈”。但真的，这一点关系都没有，因为做人嘛，开心就好喽！

在该视频的文案中，可以很明显地看到一条运用了“信息罗列”这一招的主线，即时间顺序。

创作者以 2021 年每个月为顺序，列举了从 1 月到 12 月女儿王小麦分别做了哪些有趣的事情。虽然只是日常生活，但是这些让人哭笑不得的言行举止，却让人真实地感受到了孩子的童心童趣。

假如去掉月份的标注，博主只是一股脑儿地告诉我们王小麦在 2021 年烫过头、拍过生日照、学会了劈木板，等等，我们很可能感觉凌乱不堪。运用时间顺序进行年度总结后，用户才能更好地感受到孩子成长过程中经历的一次次欢乐。

（2）京城大嘴王

京城大嘴王是一个旅游博主，其发布的视频以分享和介绍北京吃喝玩乐等旅游资讯为主要内容，干货满满。截至 2022 年 1 月，共发布 147 条视频，累计吸引 49.5 万“粉丝”，313.4 万赞，如图 9–4 所示。

这里以其视频“故宫到底怎么逛实景攻略（上）哪儿拍照好看？没买到票怎么办？”为案例进行拆解，该视频为博主的爆款视频，获得 45.8 万赞，170 条评论，如图 9–5 所示。下面一起看看该视频是如何运用信息罗列这一招中“空间顺序”这个技巧的。

故宫那么大，到底怎么逛？在哪儿拍照最好看？买不到票又想进去，我该怎么办？别着急，我用了一整天的时间逛遍故宫所有开放的区域。给我几

图 9-4 抖音“京城大嘴王”账号主页

图 9-5 视频“故宫到底怎么逛实景攻略（上）哪儿拍照好看？没买到票怎么办？”

分钟，咱们一起提前用镜头进去逛一圈儿，为了大家能够看懂，我配合地图，把故宫划成六大开放区域。

穿过午门就是太和门广场，此处先别兴奋。往左手走，在午门最西边的小门洞是行李寄存处，2 小时后在神武门就能拿走寄存的物品。

从城墙豁口往里走，去西侧第一个区域，里面有三大看点。

第一个看点就是故宫的家具馆，在这里能看到镶嵌人物图案的黄花梨大柜子，镶云龙纹的紫檀宝座，还有各种各样的明清家具，居然多到需要仓储式展出。相信我，这只是冰山一角。

从家具馆出来，去这片区域的第二个看点——武英殿。历史上，康熙生擒鳌拜，李自成登基，都发生在这里。现在这儿是陶瓷展，年代跨度从新石器时代到清晚期。在这儿您能看到东汉时期的堆塑楼阁、形态各异的唐三彩、元代的青花瓷，怪不得叫故宫博物院，真的是什么都有。

从武英殿出来，沿着内金水河往北走一点儿，去第三个看点——十八槐和断虹桥。据说，十八槐秋天拍照特别好看，一定要看这个金水河上的断虹桥，号称紫禁城里最古老的石桥。有一种推断啊，说它可能是元代皇宫留下来的唯一建筑物。甭管是不是元代的啊，这桥上的石狮造型非常独特，最有意思的就是这种捂着肚子挠头的，你猜它想什么呢？

此刻咱们已经逛了六大区域的第一个区域。往回走穿过熙和门，回太和门广场，这儿可以停留一会儿拍照。这个位置呢，是拍太和门的绝佳场所，完美的 45 度角可以把太和门和金水桥收入相框中。现在还不走中轴线，接下来啊，往东走，咱们去第二片区域。

穿过正东的协和门去文华殿。都说故宫的房间有 9999 间半，那半间啊，就在文华殿区域的文渊阁里，整个故宫里唯一不是黄琉璃瓦屋顶的建筑，就是这个文渊阁，嗯，怎么回事儿，不开门吗？刚问工作人员，说最近刚关，不开放，千万别过来白跑一趟啊！如果最近要来故宫，这片区域也只能看看外观了。

接下来呢，就是第三大开放区域了。太和门两侧穿过去就是太和殿广场。这块确实适合拍照，以下是6个我个人的取景建议。

第一个，站在昭德门或者贞度门的位置，远眺太和殿，是不是有电影里那些场景？完全无法用语言来形容。

第二个呢，建议走过广场两侧的朝房走廊，自己留影取景非常不错，关键是炎炎的夏日里啊，在这儿非常凉快。我看大多拍写真的朋友都爱在这儿拍。这夏天穿这么多，他们难道不觉得热吗？这个位置啊，还能从侧面取景。前朝三大殿就是太和殿、中和殿、宝和殿。

第三个拍照建议，是大殿月台的基座，可以运用这些位置和人像完美结合。

第四个呢，就是紫禁城唯一能拍到10只垂脊兽的地方，就是太和殿的屋顶。

第五吧，站在月台上，回头拍刚才走过的区域，这气势给大家感受一下吧！

第六个，也是最后一个，穿过中和殿去宝和殿的月台，往北看就是后宫的绝佳景色，在这儿还能看到北海的白塔和景山的万春亭，照片怎么拍您说了算。

给您一个小贴士啊，这块儿要想凉快，千万别怕当门神，过道门口不晒的地方能吹会儿凉风。夏天来故宫啊，实在是太热了。对了，在保和殿大殿后，有整个故宫最大的丹陛石，如果是早上进来，一般到这儿就已经是中午了。

穿过西侧隆宗门以后呢，就到了第四片开放区域。过隆宗门的时候一定要记得回头看一眼牌匾上的箭，这是当年天理教攻打皇宫的时候留在上面的。

可以先去冰窖餐厅凉快凉快，冰窖餐厅的门口有卖故宫文创冰棍的，10块钱一根儿，矿泉水4块一瓶儿，环境还不错。

美食博主们啊，新的选题送给你们：在故宫的冰窖餐厅里吃碗老北京炸酱面，是种什么体验？

您别看这个环境比较新颖，其实啊，看菜单，感觉价格在景区里面还算可以的，除了整套的烤鸭以外都是单人套餐。等等，头回听说老佛爷还吃烧饼夹肘子。咱们废话不多说啊，先进慈宁宫。这份实景攻略您可一定要收藏好了！

在该视频中，能很清晰地看到作者是如何引导观众在镜头的指引下逛故宫的。“穿过午门就是太和门广场”“往左手走，在午门最西边的小门洞是行李寄存处”“从城墙豁口往里走”“从武英殿出来，沿着内金水河往北走一点儿”“往回走穿过熙和门，回太和门广场”“现在还不走中轴线，接下来啊，往东走，咱们去第二片区域”，等等，就能跟着博主一起，逛遍整个故宫的六大区域。

将故宫以这样的空间顺序进行展示，一下子就让赏游故宫有了明确的路线，当然对于用户来说，也就有了很好的攻略。

（3）大鱼带你玩广州

“大鱼带你玩广州”，从名称就能看出，这是一个专注于分享广州当地吃喝玩乐资讯的账号。该账号从2021年11月开始运营，因为是新账号，所以大部分视频的点赞寥寥无几。截至2022年1月，该账号共发布129条视频，吸引了3451个“粉丝”，获得4.5万赞，如图9-6所示。

图9-6　抖音“大鱼带你玩广州”账号主页

这里，以其视频“广州，你玩对了吗？很多人都不知道的广州正确玩法，七大必去景点，超省钱攻略，记得点赞收藏！”作为拆解案例。作为博主唯一的爆款视频，该视频获得3.8万赞，2187条评论，如图9-7所示。看看博主是如何运用“信息罗列”这一招，将游玩广州讲解得明明白白。

如果你来广州，我才不会带你去上下九人挤人，七大必去景点让你爱上这座城市。

比起北京路上下九，我更要带你去东山口走一走，看洋房与美食双重享受。

我不会让你坐上百的珠江夜游，要坐就坐只有老广才知道的水上巴士，两块钱带你看珠江。

我不会带你上广州塔俯瞰广州，会带你去科创喝咖啡，它是广州最高的空中咖啡，30块钱就能边喝咖啡边看广州。

图 9-7　视频“广州，你玩对了吗？很多人都不知道的广州正确玩法，七大必去景点，超省钱攻略，记得点赞收藏！”

我肯定不会周末带你去长隆，平时去省时又省钱。我会带你去沙面体验欧洲风情，去 20 块钱的广州动物园，去白云山玩各种刺激又好玩儿的项目，尖叫一整天。

这条视频运用的是“信息罗列”这一招中的逻辑顺序。文案一开头就说：“如果你来广州，我才不会带你去上下九人挤人，七大必去景点让你爱上这座城市。”概括了后续会讲到的广州七大必去景点。随后分别列举了东山口、水上巴士、科创咖啡、沙面、广州动物园、白云山这些景点。这是总分的结构，并且通过景点之间的对比，提升了大家对博主所介绍的景点的认可度，使观众相信，只要跟着博主的路线，就能轻松玩转广州，真正爱上这座城市。

如果不使用“信息罗列”中的逻辑顺序写法，那么介绍广州的景点，多半会说：“广州很好玩啊！可以去东山口，那边有很多洋房；那个水上巴士也不错，很便宜的，只要两块钱；还有沙面，那边有很多欧式老房子；广州动物园也挺好玩的；另外，没事还可以去爬下白云山，那是广州最有名的山了。”采用这种讲解方式，观众虽然能够初步认识这些知名景点，却很难对这些景点产生兴趣。

在使用“信息罗列”这一招时，除了要用好以上3种信息罗列的方法，更重要的是在整理信息之前做好选题。一个好的选题，才能更好地满足用户的需求。

就像上文有关“看电影技巧”的案例一样，看电影是约会的一个常见场景，如果博主写的不是看电影的约会技巧，而是滑雪时的约会技巧，那么这条视频将很难收获近200万赞，因为初次约会选择滑雪的人实在太少了。

因此，我们做选题时，需要考虑到该选题的人群覆盖面够不够广、需求够不够强烈，人群覆盖面越广、需求越强烈的选题，就越值得我们去整理相关信息，然后运用“信息罗列”这一招来撰写文案。

“信息罗列”这一招值得每一位短视频创作者好好学习，希望大家都能够运用好这一技巧，做出爆款短视频。

第十招　对比突出

对比突出，即把对立的事物，或把事物的两个方面放在一起作比较，让观众在比较中分清好坏、辨别是非。

1.“对比突出”的优点

运用这种手法，有利于充分展示事物的矛盾，突出事物的本质特征，加强视频的艺术效果和感染力。

对于内容创作者来说，采用“对比突出”这一招时，可选用的素材广泛，能够将很多内容都组织到一起进行对比，从而强化创作者想要表达的主题。

下面看一下抖音账号“南阳交通广播”的视频“你的副驾有没有个安心化妆的她!”，在该视频中，强调了两种对比。一是专注开车的老公，与自在化妆的老婆的对比；二是老婆上车时素颜与下车后带妆的对比。如图 10-1 所示。

原本只是一个很常见的生活场景，因为使用了“对比突出”这一招，让人们从普通的生活中发现了不一样的趣味。

图 10-1　视频“你的副驾有没有个安心化妆的她！”

2. 如何用好这一招

如何用好“对比突出”这一招呢？其实很简单，只要学会围绕反义词进行内容拓展即可。

在小学的时候，我们学过很多反义词，比如前和后、美和丑、大和小、白和黑等。那么，如何进行拓展呢？

前和后：结婚前和结婚后的夫妻互动对比，生娃前和生娃后的一天生活对比，高考前和高考后的生活对比，这些都可以拓展为前和后的对比。

美和丑：化了妆和没化妆的面容对比，住新房子和住老房子的生活对比，美丽的白雪公主和丑陋的后妈的外貌对比，这些都可以拓展为美和丑的对比。

大和小：住大平层和鸽子房的生活对比，生活在大城市和小乡村的日常对比，大叔和小鲜肉的观念对比，这些都可以拓展为大和小的对比。

白和黑：白天和黑夜的风景对比，光明的世界和黑暗的世界的善恶对比，白山和黑水的风景对比，这些都可以拓展为白和黑的对比。

3. 案例解析

下面就以具体的案例来拆解“对比突出”这一招的具体用法。

（1）橙味仙女

“橙味仙女”作为一个素人账号，主要分享女性视角下的婚姻生活话题，整体风格活泼且幽默。截至 2022 年 1 月，吸引“粉丝”5978 人，累计收获 20.3 万赞，如图 10–2 所示。

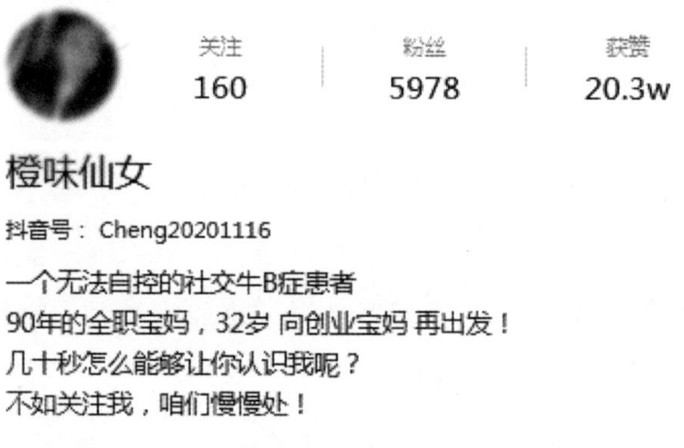

图 10–2　抖音“橙味仙女”账号主页

这里以其爆款视频“别嫌自己的媳妇能花钱，因为养天鹅和养土鸭的成本，它不一样！”作为案例进行拆解，该视频获赞 13.1 万，评论 6667 条，如图 10–3 所示。下面一起看看该视频中博主是如何运用“对比突出”这一招的。

图 10–3　视频“别嫌自己的媳妇能花钱，因为养天鹅和养土鸭的成本，它不一样！”

老公：能不能省点儿花钱呢？你看老王他媳妇儿多会过。

老婆：那能一样吗？你们男人就会羡慕别人媳妇儿会省钱，嫌弃自己的媳妇儿花钱，那养天鹅跟养土鸭的成本能一样啊？现在的男人都要求自己的女人说话温柔点儿，对你体贴点儿，长得好看点儿，身材还得好一点儿，经济最好独立一点儿。你要求那么多，到底是因为你哪一点儿？你是高一点儿帅一点儿啊，温柔体贴会疼人点儿啊，还是银行卡里有七八位数儿啊，你要是哪一点都没有，我建议你低调点儿啊！

在这个视频中，博主的丈夫运用“对比突出”这一招，通过对比“自己的媳妇和老王的媳妇”，突出了老王的媳妇会省钱过日子。博主则通过对比“天鹅和土鸭”之间的养育成本，突出了天鹅因为高贵所以成本高，并进一步通过对比“男性对女性的要求和女性对男性的要求”，突出了自己的诉求，即如果老公没有达到那么高的水平，建议他低调一点。

如果妻子只是说自己就应该比老王的媳妇花更多钱，肯定会被丈夫和屏幕前的观众嗤之以鼻，认为她不懂事，不会过日子。但是，拿养天鹅和养土鸭进行对比，就让大家意识到这样的消费是合理的。

另外，妻子列举了现在一些男性对女性的种种要求，看似合理，但是对比男性自身的条件——不高不帅不体贴又没钱，便让人觉得男性不该骄傲自大，不该对女性提出诸多要求。

（2）大窑哥

“大窑哥”是一个专注于分享各类搞笑视频的账号，截至 2022 年 1 月，共分享 73 条视频，“粉丝”不足 2000 人，获赞 12.3 万，如图 10-4 所示。绝大多数视频点赞量一般，极少数视频火爆。

图 10-4　抖音“大窑哥”账号主页

这里以其视频“# 搞笑 # 持续关注持续精彩 # 一定要看到最后”作为拆解案例，该视频为博主的爆款视频，收获了 11.7 万赞，1.6 万条评论，如图 10-5 所示。下面一起看看该视频是如何运用“对比突出”这一招的。

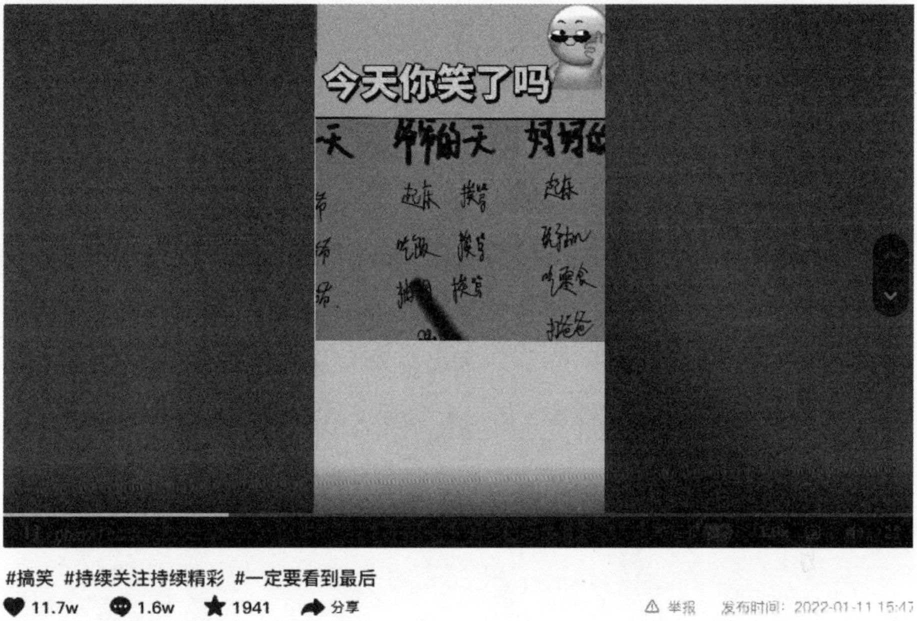

图 10-5　视频“# 搞笑 # 持续关注持续精彩 # 一定要看到最后”

奶奶的一天：起床，骂爷爷，做饭，骂爷爷，做家务，骂爷爷，睡觉。

爷爷的一天：起床，挨骂，吃饭，挨骂，抽烟，挨骂，睡觉。

妈妈的一天：起床，吃饭，玩手机，看电视，吃零食，骂爸爸，辅导作业，骂我，睡觉，骂爸爸。

爸爸的一天：起床，玩手机，上厕所，挨骂，惹哭我，挨打，上厕所，睡觉，挨骂。

我的一天：起床，吃饭，挨骂，玩手机，挨骂，写作业，挨骂，不喝水，挨骂，不睡觉，挨骂。

在这条视频中，博主同时对比了一家五口人的生活轨迹，突出展示了奶奶一天辛苦做家务；爷爷只会吃饭、抽烟、睡觉、挨骂，什么家务都不做；妈妈一天除了起床、吃饭、玩手机、看电视、吃零食，就是骂我和爸爸；爸爸一天也做不了什么正事，只会玩手机、上厕所、被妈妈骂，以及惹哭我；我则是各种挨骂，做什么都被骂。

这条视频用了寥寥数语，就描绘了一家人的生活状态。

如果这条视频只是直白地说“我奶奶整天都要辛苦地做家务，我爷爷什么都不用做，我妈妈整天为我和爸爸操心，爸爸一天到晚只会吃吃喝喝懒散度日，顺带惹哭我和被妈妈骂，而我每天都要被骂”，大家可能不会产生直观的体验。但是，通过运用“对比突出”这一招，就能让观众对全家人的生活状态产生非常直观的感受。这就是运用了“对比突出”这一招的效果。

（3）千叶遥

“千叶遥”是抖音上的美妆类账号，结合女性的美妆护肤需求，专门分享日常妆容及各类美妆护肤品攻略。由于视频内容贴近用户需求且干货满满，因此其视频平均获赞近 10 万，截至 2022 年 1 月，共发布 226 条视频，累计吸引 255.1 万“粉丝”，获赞 2075.1 万，如图 10–6 所示。

下面以其视频“皮相化妆 VS 骨相化妆 普通人如何让颜值最大化，秒变耐看美女”为案例进行拆解，该视频为博主的超级爆款视频，获得 143.1 万赞，2.8 万条评论，如图 10–7 所示。让我们看看博主是如何在视频中巧用“对比突出”这一招，向大家传授化妆技巧的。

图 10-6　抖音“千叶遥”账号主页

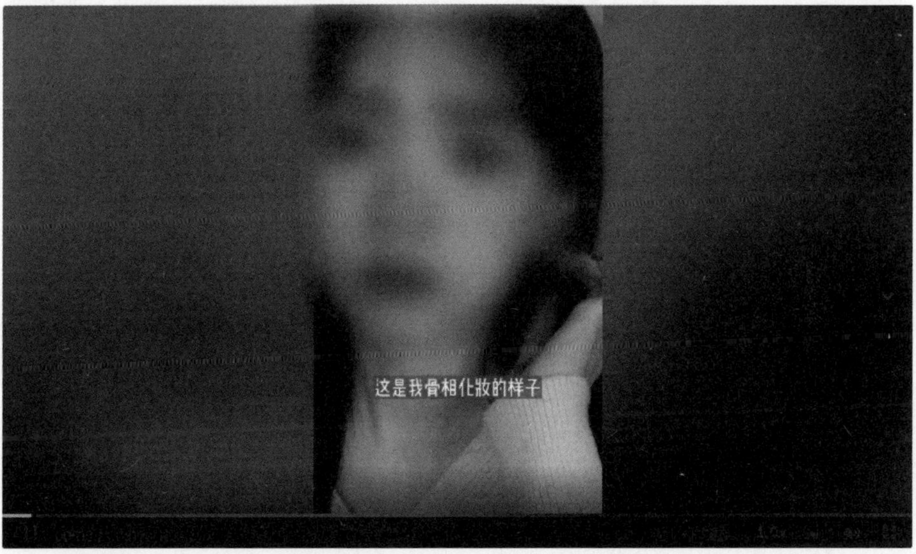

图 10-7　视频“皮相化妆 VS 骨相化妆 普通人如何让颜值最大化，秒变耐看美女”

这是我皮相化妆的样子，脸上颜色都有，但面部凹陷，五官扁平，妆面显老显脏，只能说是单纯的平面填色。这是我骨相化妆的样子，面部立体，五官放大，轮廓流畅，妆面干净精致。

新手如何避免错误的皮相化妆？今天我从底妆到口红，一步一步教你打造出适合自己的精致立体的骨相妆。

第一步：底妆。底妆，我了解到的最多的两个问题就是，明明用了比皮肤色白一号的粉底却很显脏，为什么打完脸反而大了？其实，问题的关键点就在于我们前期没有很好地遮瑕，后期对于面部轮廓没有进行恰当的明暗修饰。

在上粉底前就要注意脸上的瑕疵，黑眼圈这种片状遮瑕放在粉底液前来遮，痘痘、斑点放在粉底后来遮。上粉底的时候注意控制用量，全脸一泵就够了，然后从内往外拍开。等整张脸打完底，就能看出一点基本的明暗效果。但像法令纹这种面中一些凹陷的地方还没有解决，所以我们拿高光或者比肤色亮一号的遮瑕给面部做个二次提亮。几乎大部分人都集中在这几个区域，我在图上给你们标出来，按照这个布局上就基本不会出错。现在对比一下，整个脸立体饱满后，脸都看起来小了一圈，也显得年轻了。

第二步：修容。修容可以说是新手姐妹化妆翻车的重灾区，尤其是姐妹们在皮相化妆的时候，整张妆容就会特别显脏显老，但不修也显得脸又平又大。刚才我让面中凹陷的地方凸起来了，现在就是修容阴影，把不该凸起来的地方给压下去。

颧骨的修容就从眼下苹果肌最高点的位置到耳朵上方发际线，沿着这条线少量多次地扫。脸颊的修容就沿着我们下颌线的位置去打。然后再往上晕染，除了这两块，我们眉眼的修容也不要忘记，好看的眼睛一定是有深邃感的。从我们眼球的正上方，沿着山根画个C，余粉轻轻带过鼻头，这样一个日常不出错的修容差不多就完成了。

第三步：画眉毛。结合骨像化妆，好看的眉毛一定要贴合我们的眼睛和眉骨，先用手摸一下我们的眉骨，这块儿会有个拐点，这就是眉峰的位置，到时候就可以稍微凸显一下这块。眼睛比较平，眉峰就低一点；眼睛有点上扬，眉峰就可以调一点。之后，再按照我们眉毛本身的自然形状去填充，这样化完后结合眼睛看就会非常协调，而且增加了面部折叠度，更显立体。

第四步：画眼妆。对于整个妆面，眼妆最主要的任务就是放大五官，提升灵动感。我之前也说过很多化法、误区之类的，基本步骤不用再说。但还有很多姐妹喜欢上眼影的时候颜色多，下重手。我一看今年比较火的妆容就发现，他们的眼妆其实都是一个化繁为简的过程。睫毛、眼线的存在感，其实是要大于眼影的存在感。所以，如果是日常眼影，一个打底色，一个深邃色就足够了。想要心机的，顶多再加一个这种百搭的细闪。把重点放在眼线和睫毛上，才能让妆面生出一种若有似无的美感。

新手就选择棕色的眼线胶笔先填补内眼线，再顺着眼尾拉长外眼线。睫毛也是一定要给它夹翘，可以先用打火机滚一下再夹，会更持久。然后再刷上睫毛打底。看，即使颜色不多，戴眼镜也能达到视觉放大的效果。

第五步：打腮红。腮红除了提升氛围感外，其实跟修容一样，只要打得好，也能起到修饰脸型的作用。前面已经说了，咱们的脸型是有凹陷和凸起的，那么针对这一点，我们的腮红也会有膨胀色和收缩色。怎么来区分？记住两句话，膨胀色明度高，颜色浅；收缩色明度低，颜色深。

基于我们绝大多数亚洲人的脸型特点，分享两个日常万能的腮红打法。如果你颧骨高，太阳穴凹陷，就用收缩色从眼下颧骨的最高点，斜着往上打，跟修容衔接。这样的打法视觉上会有弱化颧骨、提拉轮廓的效果。如果你是面中凹陷中庭长，就用膨胀色从眼下面中的位置往外晕染。不管怎么打，记住腮红范围一定不要低于鼻翼。看这样面中这块立马就膨起来了。

最后一步：唇妆。口红的话，肯定有很多姐妹像这样上下一抹，涂满，抿一抿就结束了。完全没有起到对面部的修饰作用。正确画法应该是根据我们下庭这块的比例来调整。涂口红的时候，我一般会在唇峰的位置晕染出来一点，会有缩短人中减龄的效果；如果你下嘴唇薄就可以往下晕染。调整完成后，再看一下我们的妆容，虽然没有那种翻天覆地的夸张，但对比下错误的画法，差距还是很大的，主要是整个人视觉上都变得舒服耐看了。

在这条视频中，博主运用“对比突出”这一招，先是对比了皮相化妆和骨相化妆的效果，从而突出了骨相化妆的精妙之处，让大家认可骨相化妆效果更好。在第一步的底妆讲解中，又对比了上好底妆前后的效果，突出展示了正确上底妆的技巧。在第二步的修容中，对比了皮相化妆和骨相化妆的效果，突出展示了现在修容技巧的成效。在最后一步的唇妆中，对比了很多人上下一抹和自己的晕染手法，突出了使用晕染这一技巧带来的减龄和舒服耐看的成效。

实际上，整个视频都在不断运用“对比突出”这一招。因为在化妆过程中，每一步骤前后效果的对比，都是在不断说服用户认可骨相化妆这一手法。

虽然“对比突出”这一招好用，但在日常运用中，要注意多用于弘扬正能量，让大家在对比的过程中发现世界的美好之处。

最后，希望通过“对比突出”这一招，能帮助更多的创作者打造出属于自己的爆款视频。

第十一招　数据展示

数据展示，就是通过整理数据并且从中发现有用的信息，最后以图表等形式呈现最终结果。

1.“数据展示”的好处

为什么要运用“数据展示”这一招呢？因为使用“数据展示”可以给用户带来最直观的体验，让用户眼前一亮。另外，相比大串的文字，数据更具有说服力和权威性，数据越详细，越具体，就越有信服力。

以抖音账号“金十数据”的视频“2009—2020 国产运动品牌营收对比，你喜欢哪一个”为例子，看其是如何运用“数据展示”这一招的，如图 11-1 所示。

很明显，该视频直观展示了各个国产运动品牌在不同年份的营收情况。你是否也会觉得一排排数字给自己带来了强烈的感官刺激呢？更重要的是，能让你清晰地看到 2009—2020 年间国产运动品牌营收情况的变化，这难道不比大串的文字更直观吗？这就是运用“数据展示”这一招的好处。

图 11-1　视频“2009—2020 国产运动品牌营收对比，你喜欢哪一个”

2. 如何用好这一招

既然“数据展示”这一招效果如此出众，那么应该如何使用这一招呢？主要可以从以下 3 个方面入手。

（1）明确数据展示的主题

在做选题时，通常可以先从 5118 网、新榜、飞瓜数据、蝉妈妈等渠道了解时下的热门话题。5118 网可以搜索到全网热词，而且会实时更新热门词汇。新榜上会展示各大短视频平台的榜单，同时还可以看见每个领域最火爆的抖音号，以及该账号的点赞量、评论量、转发量等。

（2）进行数据收集与处理分析

确定内容选题后，可以通过数据库、互联网、市场调查、公开出版物等渠道收集与主题相关的数据，并且完成相应的数据整理和分析。

（3）完成数据的展示工作

收集并整理好各个维度的基础数据后，不能直接在视频里列一个表格，或者以口播的方式读出各项数据值，而要以柱形图、饼图、折线图等统计图展示有用的信息，让用户对数据情况一目了然。

3. 案例解析

下面，就用两个爆款视频来讲解到底如何使用“数据展示”这一招。

（1）小橙子说电影

“小橙子说电影”是一个以分享各类影视节目剪辑片段为主题的账号，截至 2022 年 1 月，共分享 44 条视频，拥有 6.5 万“粉丝”，收获 74.9 万赞，如图 11–2 所示。不过，因为其视频整体质量一般，仅有 5 个万赞以上的视频。

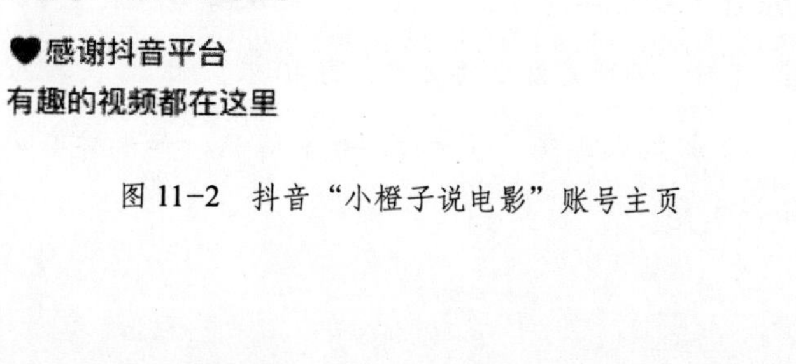

图 11–2　抖音“小橙子说电影”账号主页

这里，以其视频“在海啸面前航母都成了蚂蚁”作为拆解案例，分析其是如何运用“数据展示”这一招的，如图 11–3 所示。

图 11–3 视频“在海啸面前航母都成了蚂蚁”

史上海啸高度对比。

首先看到的是 1 米高的小波浪，这时你并没有任何惧怕的感觉。

然后是 5 米高的大波浪。

这是 2017 年最大的海啸，高 24 米。

这是 2004 年的印度洋海啸，高 30 米，此次海啸造成了 22.6 万人死亡。

这是 2011 年日本因地震发生的海啸，高 40 米，死亡、失踪人数接近 3 万。

这是 1883 年印尼火山喷发引起的 46 米海啸，如果你在海上见到，你将见不到明天的太阳。

这是1946年夏威夷群岛发生的高50米的海啸，如果上岸，一旁的建筑将会被摧毁。

这是1936年70米高的海啸，已经接近两个2011年日本的海啸了。

这是6000多年前因陨石碰撞所产生的高100米的巨大海啸，这个高度差不多能和星际飞船相比了。

下面是1792年爆发的超大海啸，高130米，此时的你呼吸还顺畅吗？

这是1980年因圣海伦火山喷发引起的巨型海啸，高200米。要知道，埃菲尔铁塔的高度才324米。

这是1963年发生的高250米的海啸。

这是1946年因地震引发的利比亚湾特大海啸，高达520米，估计只有上山才能幸免。

该视频的主题是史上海啸高度对比。创作者从相关的科学研究资料中找到了历史上知名海啸事件中的海啸高度，并且以海面波浪高低的形式分别展示了1米、5米、24米、30米、40米、46米、50米、70米、100米、130米、200米、250米、520米共13个高度的海啸。通过这些海啸之间的对比，以及跟埃菲尔铁塔、岸上高山的对比，让观众直观地看到海啸的可怕之处，并且不由得对自然产生敬畏之心。

如果只是单纯地说一句“海啸很可怕”，大家无法真实地感受到海啸到底为什么可怕，会以为海啸只不过比一般的波浪高一点而已。只有当真实的数据摆在面前，才会发现，原来海啸的场景是如此惊心动魄。

（2）赵老板深谈屁大点事

“赵老板深谈屁大点事”是一个专注中年女性日常生活的抖音账号，两个月共分享 17 条视频，累计吸引 9570 个“粉丝”，获得 7.3 万赞，如图 11–4 所示。

图 11–4　抖音“赵老板深谈屁大点事”账号主页

虽然这只是一个小的素人账号，但是凭借着对生活的犀利洞察，也做出了一个 5.4 万赞的视频，并且该视频点赞量还在不断上升。

这里，就将其爆款视频“吃喝拉撒哪一样不需要钱？如果我说一个月生活费一万打底有没有人杠？”作为拆解案例，如图 11–5 所示。在该视频中，博主充分利用了“数据展示”这一招，将普通家庭在洛阳养娃的辛苦讲解得明明白白。

30 万人看了我前几天发的那个“在洛阳普普通通养一个孩子，一年需要多少钱?”，在评论里我发现了一个问题，一大帮老爷们儿舔个大脸说，怪不得攒不下钱，原来都让媳妇儿给糟蹋了。今天我就好好给你捋一捋，你们家的钱都花哪儿去了！

过日子吃、穿、住、行是最基本的。

图 11–5　视频“吃喝拉撒哪一样不需要钱？如果我说一个月生活费一万打底有没有人杠？”

咱先说吃大白菜，现在 1.98 元 1 斤，一颗算 4 斤，17.92 元；土豆 2.5 元 1 斤，平均 1 斤能有三四个；面粉，一袋 10 斤，30 元，折合 3 元 1 斤；大米，一袋 5 斤，20 元，折合 4 元 1 斤。这些算一天三顿饭的量，一共需要花 17.42 元；算上油盐酱醋、燃气，一天要 20 元。一个月是 600 元，一年是 7200 元。

你说现在的生活谁能受得了，天天吃白菜炖土豆子，是不是要稍微加个鸡蛋，加点儿肉丁？一天是不是要再加 5 元钱？一个月是 150 元，一年是 1800 元。家里有上班的，早饭、午饭要在外头吃吧，少说一顿饭 10 元钱，一天 20 元。一个月上 25 天班，1 年是 6000 元。

家里有孩子的，你让孩子跟你一块儿吃白菜、土豆吗？是不是要单独给孩子加点鱼、肉、虾？孩子要吃水果吧？应季的水果，苹果最常见，好点儿的，10 来元 1 斤，便宜的 6 元钱 1 斤，咱就按最便宜的算，6 元钱 1 斤，1 斤顶多两个，一个月要 90 元钱。这 90 元钱的苹果啊，除了孩子谁也别吃。孩子要吃零食吧，奶酪棒 50 根包装的是 159 元钱，这还合不上一天能吃两根。孩子每天是不是要喝点牛奶？一箱牛奶 12 盒 54 元钱，一个月要 3 箱，162 元钱。

也就是说，不给孩子吃坚果、点心，你们家顿顿吃白菜、土豆子，没有鸡鸭鱼肉、不下饭店的情况下，一个月你们吃饭花销就要 1761 元钱，一年是 21132 元钱。

再说穿。一年四季，每个季节只买一套衣服，上衣 300 元，裤子 200 元，鞋 200 元，冬天再加个羽绒服 500 元，棉鞋 300 元。我没多说吧，一年 1500 元，两个人是 3000 元。

孩子，一年四季，每季至少要两套衣服换洗吧？一套衣服，从里到外咋算都要 400 元，一季是 800 元，一年是 3200 元。孩子的运动量大，鞋要穿得舒服点儿，一双算 300 元。一年四个季节，春天和秋天两个季节穿两双，夏天要两双，冬天要两双棉鞋，一年是 6 双鞋，一年总共 1800 元。

一家三口不要求任何品牌的情况下，一年四季穿衣服要 8000 元。

现在说住，全款的咱不算啊。租房和需要还贷款的，按照洛阳市的平均还款标准，每月 3000 元，一年就是 36000 元；物业费一年 2500 元；水电燃气一个月少说要 200 元，一年是 2400 元。也就是说，住一年需要 40900 元。

家用消耗品，牙膏、卫生纸、洁厕灵、洗洁精、洗发水、沐浴露、洗衣液，咱们打包一起算，一个月按照最低标准 100 元钱算吧，一年是 1200 元。

手机话费一个月 100 元，1 年 1200 元，两个人 2400 元。

吃、穿、住、行、用一年是 89712 元，平均每个月是 7476 元。

没听清楚的往前翻一翻，我这已经算的是最低标准了。你看看，我哪一样多算了。除了孩子，谁也别吃水果，没有特殊的菜，更别下饭馆，别想着带孩子出去玩，家里所有人不要生病打针和吃药，不要有人情往来，不要给孩子报任何的兴趣班，媳妇大姨妈那几天也不用卫生巾啊，天天也不要用护肤品。

你每个月挣多少钱，给了你媳妇多少钱，又想让她给你攒下多少钱？

好好努力吧，别整天把心思放在你媳妇身上，让她每天给你带孩子，操持家务，忙得一刻不得闲，还要想着怎么给你省钱，怎么给你报账。

谁家的日子都是一地鸡毛，这一地鸡毛足以让人崩溃成千上万次。但如果你是一个知冷知热的人，再多的崩溃她都能给你顶住。

该视频的主题是“洛阳普通家庭一个月一万元生活费到底够不够用”，通过对自己日常生活中柴米油盐等真实数据的收集，最后以口播的形式一一列举这些数据。

很多人都抱怨普通人生活不容易，但是当他人抱怨的时候，我们很难立刻体会到到底有多不容易。而看完这条视频后，就会觉得生活太难了，在洛阳每月一万元的收入，对于一家三口来说，只能勉强满足温饱。

为什么观众会这么快就被博主说服呢？因为她给出了吃、穿、住、行的明细数据，在这些数据面前，我们没有任何反驳的余地，毕竟每一项数据都合情合理。

所以，对于抖音创作者来说，如果想在某个问题上说服观众，用数据说话是有效的方法。

虽然“数据展示”这一招很好用，但是需要注意一点，就是要确保数据的真实性和有效性。如果数据缺乏真实性和有效性，则会向观众传递出错误的信息。例如，在某知识分享平台经常有人发布毕业 3 年就年入百万元的内容，导致很多大学应届毕业生误认为自己也能很快就迈入高薪行列。事实上，大多数人工作 10 年甚至更久，月薪都没有上万元。由此，可以看到错误的数据将会给人带来多大的困扰。为了保证数据的真实性和有效性，跟用户分享相关数据前，有必要了解统计学知识，思考自己获取数据的渠道和方式是否会导致数据误差。

“数据展示”是常用的文案创作方法，不限定场景与账号定位，如果使用巧妙，一定能够帮助创作者们创作出受欢迎的短视频内容，获得用户的喜爱。

第十二招　行动呼吁

行动呼吁，是指在文案中引导用户为该视频作品进行转发、点赞、评论、停留、关注、收藏等一系列互动操作，或者引导用户去该博主的账号主页观看更多视频。

在视频中，许多博主会说“路过的老铁给个赞吧”“视频创作不易，请点赞”“本期视频点赞量破 ×× 万，下期说什么，你们定”“此条视频揭露了 ×× 的秘密，可能马上就不存在了，现在还能看到的用户真是幸运”之类的话，就是让用户增加互动，以便让自己的视频被尽可能多的人看到。特别是有些作品的标题是“××1”“××2”，或者作品分为上、中、下三部，这种形式被称为相关联的作品，用户喜欢 1，就会想进博主的主页观看续集。这些都是“行动呼吁”这招的常见形式。

1.“行动呼吁”的优点

“行动呼吁”这一招之所以有效，主要是因为以下两点。

(1) 拉高用户投票

什么叫用户投票？完播率、复播率、点赞、分享、关注、下载、评论等，这些用户行为的多少，决定了你的视频是否会被推荐给下一个更大的流量池，是否会被更多的人观看。因此，用户行为决定了短视频能够获得多级推荐，多级推荐决定了作品是否能上热门推荐。环环相扣，缺一不可。行动呼吁就是引导用户进行投票。

很多用户不会主动给别人的视频点赞、评论，但如果你的视频内容获得了目标用户的认可，此时你来一句“请点赞、收藏”这种简洁有力的指令，用户很多时候就会直接照做。若你适时地引导用户与你互动，比如问问用户的想法，他们很容易在评论区留下自己的心声。因为引导了用户停留，所以观众的观看时长自然就增加了，与此同时点赞、转发的数据也比不使用“行动呼吁”的短视频效果更好。

因此，借助“行动呼吁”这一招，能够促进用户在该视频下做出更多的互动行为，拉高用户投票。短视频的推荐机制，决定了用户投票的地位举足轻重。

（2）引导用户观看关联作品

用户看到一条喜欢的视频，发现它的标题是“××1”，能够推断可能还有“××2”“××3”“××4”，就会主动去博主主页寻找续集，也就提升了整个账号视频的播放量。

一条视频如果已经火了，证明用户对该视频的内容感兴趣。如果紧接着发布续集，那么上次刷到你视频的用户，很容易被系统推荐续集视频，有利于保证视频的基础互动数据。

因此，会看到一些作品的名称，第一集是“××”，之后陆续出现了“××2”“××3”，说明博主在创作之初并没有计划写续集，而这条视频火爆以后，博主火速追加了续集。

在出续集的时候，也能看到博主在其间穿插“在这个视频中提到的某某要点，可以去看我之前的某个视频”“因为这个话题太复杂，我后面再出一个续集详细讲解，大家记得关注我的账号，不要错过”，都是为了引导用户观看其他关联视频作品。

2. 如何用好这一招

运用“行动呼吁”这一招，不需要特意去想文案该怎样写。只要写好文案后，在开头、中间、结尾处加入行动呼吁的元素语句，引导用户投票或者查看更多作品就好。

除了可以用在任何时间点的“请关注”“请收藏”之外，现将使用“行动呼吁”这一招的方法分为以下 7 类。

第一，延迟效应。常见话术如：“第 3 条最重要！”“结尾我是万万想不到呀！”“最后一点很多人都看不明白，一定要看完！”

第二，关联作品。例如，将标题名称设为“××1”“××2”“××3”，或者“××上”“××中”“××下”。常见话术如：“我们之前视频有讲过××，不记得的回去补补课。”

第三，制造稀缺感。常见话术如：“赶紧转发下载，一不小心这条视频就会被和谐！”“点赞收藏，数据不好我就隐藏！”“揭露了行业秘密，很容易被和谐，还不下载吗？”

第四，使用感情。常见话术如：“视频创作不易，动动你的手指，点亮小心心吧！”“你的鼓励，是我创作的动力！”“喜欢这期视频吗，点赞收藏一波，下期更精彩！”“外卖员生活真的不易，帮忙转发吧，希望更多的人体谅他们！”

第五，让用户获益。常见话术如：“关注我，让你每天都更开心！”“关注我，带你学习 ××！”“想 ××，请来我的直播间！”“对我这款产品感兴趣的，可以看下方的购物车！”

第六，让用户获得参与感。常见话术如：“本期视频点赞量过 ×× 万，下期继续带你了解 ××！”“同意的请点赞，不同意的请在评论区说出你的看法！”“下期视频看什么，评论区点赞最高的定！”

第七，使用热点。常见话术如：“今天就到这里，祝大家国庆节快乐，我们下期再见！”“元芳，你怎么看？”“祝大家圣诞快乐！今天的圣诞妆容，你喜欢吗？”“我的双十一购物清单，快来看看还缺了什么！”

3. 案例解析

（1）侃哥侃英语

“侃哥侃英语”是一个专注于趣味英语讲解和人文通识科普的账号，凭借着过硬的专业素质，该账号截至 2022 年 1 月底，已吸引 169.1 万“粉丝”，获得 1137.4 万赞，如图 12-1 所示。

图 12-1　抖音“侃哥侃英语”账号主页

这里以其视频“【矿世名句】I am because you are. 好惊艳！中文翻译也爆赞！”为案例进行拆解，该视频获得 40.6 万赞，9135 条评论，如图

12–2 所示。下面一起来看看博主是如何运用“行动呼吁”来提升视频的各项互动数据的。

图 12–2　视频“【旷世名句】I am because you are. 好惊艳！中文翻译也爆赞！”

前两天我的后台收到这么一个问题，问我这位老外手臂上的纹身是什么意思。“I am because you are”，乍一看这好像是个错句，be 动词 am 和 are 后面怎么没有表语呢？但转念一想，如果这是个错句，这个老外还得擦掉重纹，多费劲啊！

其实，这个英文句子一点问题都没有啊，而且是英文中的一个名句。英文中很多名句，这个 be 动词后面都是没有表语的，比如我们非常熟悉的莎士比亚的“To be or not to be, that’s a question”（生存还是毁灭，这是一个问题）。还有我们非常熟悉的笛卡儿的“I think therefore I am”(我思故我在)。

其实be动词啊，除了作为主语和表语的连接词，还起到一个功能，就是表示存在。

来看看韦氏词典的解释：to have an object of existence；have reality or actually；live。就是说be动词啊，表示具有一种客观存在的含义，同live，所以莎士比亚的to be or not to be等同于to live or not to live，笛卡儿的I think therefore I am等同于I think therefore I live。

说到这里，让我想到了经典电影A.I.（即《人工智能》）里面的一句台词，看过没有，机器人joe在被人类抓走时无奈而又骄傲地喊出了“I am, I was”，意思是I live and I lived，就是说“我现在存在，也曾经存在过”。

好，我们再回到I am because you are这句话上，如果把be动词都换成live，句子的意思就很清楚了，叫作I live because you live，即“我存在，因为你存在”。换言之，你若不存在了，我也将不复存在。在表达一种彼此相互依存的状态。我查了一下，I am because you are这句英文呢，源自曼德拉所提倡的一种非常古老的非洲的价值观，叫作Ubuntu，翻译成中文是乌班图。曼德拉曾经说过一句话：“In Africa, we have a concept known as Ubuntu, based upon the recognition that we are only people because of other people.”翻译一下：在非洲呢，我们有一个概念叫作乌班图，它基于这么一种认知，我们之所以为人，是因为他人的存在。

前两天我在社交媒体上还做了一个小互动，请大家一块翻译这个句子，我发现点赞最多的评论，竟然都是歌词，你可以猜猜它们都来自哪些歌。

第一句是“因为你，所以我”，第二句是“我和你，心连心”，第三句是“你不在，我不在”，第四句是“我存在在你的存在”。从这么多歌词中我们可以发现，“I am because you are”这样的价值观已经深入人心了。

有一句话说得非常好，叫作“最好的关系是彼此成就”，你好我也好，你不好我也好不到哪儿去。人类本来就是一个命运共同体，不是吗？如果你也喜欢“I am because you are”，请点赞告诉我，另外，你会怎么翻译它呢？

这篇文案运用的“行动呼吁”方式，虽然看起来比较简单直白，但有了跟观众互动的环节就很接地气，和蔼可亲，效果也很好。

在该视频中，博主运用了多个“行动呼吁”的文案招式。

第一，让观众猜那几句歌词分别来自哪些歌曲，这是非常简单的，观众也想获得参与感与存在感，这类简单的互动也会产生不错的效果。比如在视频里问“你是用什么看书的呢?”本意是想问观众用什么 APP 或者设备看书，但评论区总有网友抖机灵回答“我用眼睛看”，并且这种回复往往会获得相当高的点赞量，其他用户也喜欢在这个楼层里互相抖机灵或者开玩笑。所以，让用户参与其中是非常重要的。

另外，注意文案“我发现点赞最多的评论，竟然都是歌词，你可以猜猜它们都来自哪些歌”，这句文案的灵感来源于它的评论区。很多时候，如果不知道接下来的视频要做什么内容，就可以看看你的评论区，点赞量最高的几条评论就是用户最喜欢、最关注的。做内容，一定要做你的目标用户感兴趣的，根据用户的关注点展开。目标用户对你的视频内容感兴趣，自然会给你一个良好的反馈。

第二，博主发表了自己的看法后，问了一句“不是吗?”这是一种俯下身跟用户交流的感觉，也就是接地气，自然有不少用户会在评论区告诉博主自己的想法。

第三，“如果你也喜欢 × ×，请点赞告诉我”，这也是一种常用的行动呼吁。

第四，“另外，你会怎么翻译它呢?”诱导用户在评论区进行更多的评论。

一篇教学类的不算长的文案，就用了 4 次“行动呼吁”，足可见行动呼吁效果显著，并且不会引起用户反感。

（2）卢战卡

博主卢战卡专注于分享社交技巧和赚钱技巧。由于该领域的普及面广泛且用户需求强烈，外加该博主一直都勤勉更新，截至 2022 年 1 月，在发布了 956 条视频后，该博主已吸引 738.9 万“粉丝”，获得 2483.1 万赞，还成为抖音知识分享官，如图 12–3 所示。

图 12–3　抖音“卢战卡”账号主页

这里以其视频“在人精扎堆的地方，想要越混越好，一定要牢记这 6 条社交潜规则”为案例进行拆解，该视频获得 1.7 万赞，216 条评论，如图 12–4 所示。下面看看博主是如何多次穿插使用“行动呼吁”这一招来提升视频各项互动数据的。

图 12-4　视频“在人精扎堆的地方，想要越混越好，一定要牢记这 6 条社交潜规则”

在人精扎堆的地方，想要越混越好，一定要牢记这 6 条社交潜规则。尤其是第六条，面对老板这 3 种问话，你要反应不好，你立马下课。所以一定要点赞、收藏，随时提醒自己。

第一条，就是在外面 5 人以上的生活场合，基本上都是胡说八道。你别太实在，也别太当真，该吹牛吹牛，因为你不吹别人也会吹，就算你不吹，别人也会觉得你在吹，吹是一种自我价值塑造。因为别人不会因为你是个实在人就跟你好，而是感觉你这人对他有价值，才会对你好。没错吧，同时别人把自己说得再好，再牛，你也别太信。你可以面子上逢场作戏表示下崇拜，在心里跟明镜似的就行。当有人还总用他认识谁来标榜自己的时候，就证明这人还不是真正的实力派。同意的先来个双击。

第二条呢，就是别人自黑的时候啊，千万不要附和，有些话只能人家自己说，你一掺和就变味儿了。如果你自黑，也不要拿别人当垫背，你爆自己的黑料，别人会觉得你这人挺幽默，挺放得开；但你爆别人的黑料，要注意隔墙有耳，有可能还没隔夜就传到人家耳朵里。没错吧？

那第三条呢，就是你可以是老好人，但一定要有点儿脾气，要学会表达自己的不高兴。很多人啊,就是看着你的脸色来试探你的底线。过分的善良，只会让别人觉得你这人好欺负，所以一定不要怕得罪人，该翻脸就翻脸。哎，别人都不怕得罪你，你干吗怕得罪他呢？他不是天生富贵高你一等，所以你没必要自卑，更没必要对不把你当回事儿的人客气。同意吗？

第四条，就是和别人聊天的时候，一定要多聊对方拥有的，而不是你所拥有的。很多人聊天就喜欢聊我有这个，我有那个，其实别人早烦死了，尤其跟比你厉害的人聊天，一定要少说多听。你那点儿东西在人家眼里，那算啥呀！没错吧？

这第五条，就是请别人吃饭的时候，不要等到吃完饭之后再跑前台去结账。哎呀，我来埋单，我来埋单，这种做法已经很 low 了。高手都是在吃饭中间，找个借口出去把账直接给结了，这样做既会让对方感觉非常舒服，也会在对方心中留下很好的印象。没错吧？

第六条呢，就是一定要能分清对方哪些话是真心话，哪些话是客气话、场面话。能听出对方没说出的话，才是你社会化程度更高的表现。没错吧？比如老板来你办公室，明明看到王经理不在，却仍然问你："王经理不在吗？"你该怎么接话？老板来到饮水机旁打水，发现没水了，说了一句："怎么没水了呢？"你刚好路过，又应该怎么接话呢？老板当着同事面表扬你"辛苦啦"，你是不是还是只会那句"不辛苦不辛苦，老板更辛苦"？你怎么接话？

怎么让老板感觉你懂他，并能完成他想完成的任务呢？等等。这些都是社交的潜规则。你可以关注我。这些话题呢，在我之前的视频中都有讲过。如果你想系统化提升一下自己的社交能力，一次性打通自己应对所有社交场合的“任督二脉”，可以好好学学我这 3 本书里的 70 套人性社交功夫。

第一，注意博主说他有 6 条社交潜规则，“尤其是第六条”多么多么重要，这是文案中常用的行动呼吁方法。当博主告诉你有几条信息时，他担心内容太多，用户没有耐心看完，就会说第 × 条（最后一条）最重要，吸引用户看完整条视频。就像一个通关小游戏一样，告诉用户玩到最后会得到最好、最重要的东西，让用户产生好奇心。如一些剧情类视频，会在一开始就告诉用户“一定要看到最后，有反转的”或者“结尾我万万想不到”，吸引用户看到最后，提高视频的完播率。

第二，“一定点赞收藏，随时提醒自己”这句话比较明显、直白地使用了行动呼吁。

第三，“同意的先来个双击”“同意吗”“没错吧”，等等，这些都是与用户互动，促使用户点赞、评论。

第四，“你可以关注我，这些话题呢，在我之前的视频中都有讲过”这句不仅直白地引导关注，而且进一步吸引用户去他主页看更多视频，也是常用的行动呼吁方法。类似地，还有“我之前的内容有你感兴趣的，不去翻翻吗”“这个知识点我们上期讲过，忘记的同学回去温习下功课”等。

（3）薄荷

“薄荷”为一个情感账号，相对于其他博主分享各种恋爱技巧，该账号的内容模式特别简单，仅仅分享女性在恋爱交往中的一些经典对白。虽然只发布了 118 条视频，却吸引了 48.1 万“粉丝”，获得 843.2 万赞，如图 12–5 所示。

图 12–5　抖音“薄荷”账号主页

这里以其视频“我物质上不依赖你，精神上不依赖你，经济上也不依赖你，你还让我不开心，那你存在的意义是什么？ # 情感”作为案例进行拆解，看博主是如何隐晦地进行“行动呼吁”的，如图 12–6 所示。

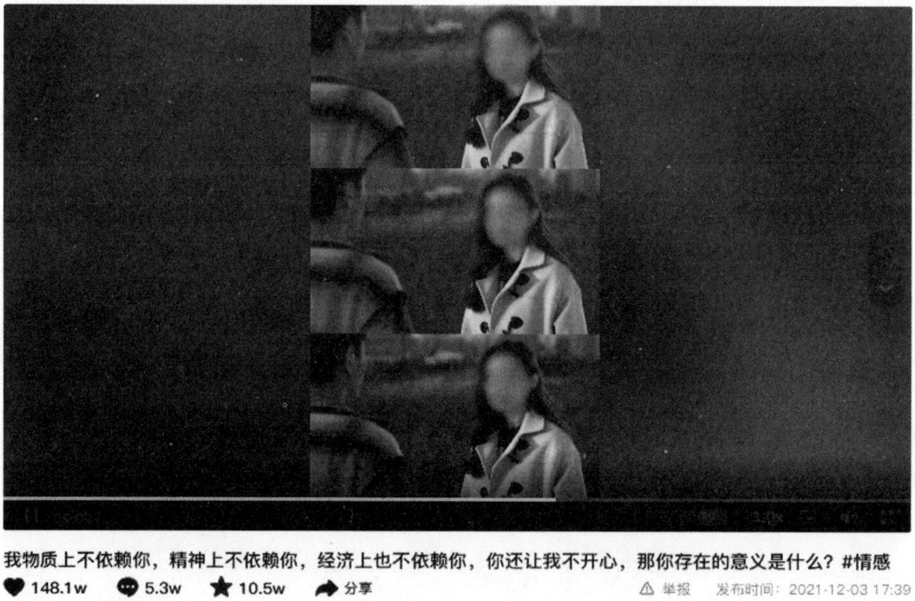

图 12–6　视频“我物质上不依赖你，精神上不依赖你，经济上也不依赖你，你还让我不开心，那你存在的意义是什么？ # 情感”

我物质上不依赖你，精神上不依赖你，经济上也不依赖你，你还让我不开心，那你存在的意义是什么？

该视频仅仅为两人交谈的场面，运用“行动呼吁”这一招时也较为隐晦。根据该视频的对白可以看出，女生控诉男生对于自己并没有什么存在的意义。虽然内容只是一句话，却很容易激发用户的互动行为，因为该内容太容易引发女性用户的共鸣了。特别是视频里的女性说出“那你存在的意义是什么”这句话时，让观众的情绪达到了高潮，引导观看视频的女性观众说出了自己的答案：“我如果什么都不依赖你，要你何用?”因此，很多女性用户看到该视频时会不由自主地点赞、评论、收藏、转发。最终，这条视频获得了 148.1 万赞，5.3 万条评论，10.5 万收藏。

4. 注意事项

“行动呼吁”这一招虽好，但不能肆意使用。

(1) 视频不宜过长

比如“结尾太精彩了”这话一说，用户就想看看结尾究竟有什么有趣之处，他会继续往下看。虽然有延迟满足的存在，但短视频时代仍然不宜让用户等待太久。如果内容太长，用户很可能会看得不耐烦，选择划走。

(2) 正确使用“行动呼吁”话术

行动呼吁非常适合在账号运营初期给用户下达一个直接的命令，这样有利于提高用户的投票数据，以便短视频作品被推给更大的流量池。但是，不要总说“关注我”“转发”“点赞”，这样容易引起用户的反感。

成熟的账号推荐与用户互动应该是，博主说出自己的观点后，可以询问用户怎么看，或者问用户对哪方面的内容感兴趣，我们下期来做，等等。这种互动用户会非常喜欢，再偶尔说一下“好内容你还不关注吗”“喜欢就点赞”，用户的反响会很好。

第十三招　角色扮演

角色扮演（Role-Playing），也叫扮装游戏，是一种人与人之间的社交活动，可以以任何形式进行（游戏、治疗、培训）。活动参与者在故事世界中通过扮演角色进行互动。参与者通过对角色的扮演，可以获得快乐以及宝贵的经历。

这类的角色扮演，其实在传统的影视作品中屡见不鲜，例如《西游记》中孙悟空在取经路上就多次假扮不同的人物，包括二郎神、牛魔王、高翠兰等。这些角色扮演，为整个故事增加了不少的经典桥段。

在短视频中，通过这种角色扮演的形式来演绎视频内容，不仅能增加视频内容的多样性，还能为视频注入更多的新鲜感与趣味性。

1.“角色扮演”的分类

“角色扮演”这一招一般可以分为两类。

第一类是人类对于不同社会角色的扮演。例如 2020 年，在抖音上走红的网名为“钟美美”的鹤岗初中生，扮演成老师，在自己发布的视频中模仿老师的各种神态及语言，大有以假乱真之势，让人纷纷感慨其模仿能力之强。

第二类是动植物对于人类角色的扮演。例如抖音博主“料理猫王”，将小猫咪打扮成美食大厨,在视频中分享美食的制作方法。由于风格与众不同，在美食类目里独树一帜，因此获得了大量的关注。毕竟，会做菜的人类厨师很多，但是会做菜的小猫咪仅此一只。此外，还有知名的抖音账号“会说话的刘二豆”，视频中的小猫咪不仅会说话，更有人的思想。凭借着小猫咪之间的有趣互动，该账号条条都是爆款，一直是抖音平台的顶流账号。

2.“角色扮演”的好处

通常来说，运用“角色扮演”这一招，有以下好处。

（1）通过“角色扮演”，能帮助我们跳出狭隘的自我视角，转换思维

“角色扮演”能让扮演者代入对方的立场，理解对方的感受，更具有同理心。当然，对于用户来说，也能产生代入的效果，可以设身处地地感受到不同角色的真实处境。

（2）通过“角色扮演”，能提供更加多样的内容形式

“角色扮演”这一招，实际上是新瓶装旧酒，让新的人物来演绎旧的内容。在这种形式下，新旧两种素材同时出现，提高了内容的多样性和趣味性。因此，运用“角色扮演”这一招在引发用户共鸣的同时，也容易制造爆款视频。

以抖音账号“深圳通天气”的视频“未来几天的天气都给大家安排得妥妥的了 重点关注冬台风（12.18 发布）”为例，在该视频中，冷空气等天气情况通过“角色扮演”的形式，分别扮演成不同的出行人员，展示了其未来是否可以出现在深圳这片区域，如图 13–1 所示。

图 13-1　视频“未来几天的天气都给大家安排得妥妥的了 重点关注冬台风(12.18发布)”

在疫情期间，每个人都体验过出行中的各种不便，因为出入任何公共场合都需要戴口罩、测体温并出示行程码。在视频中，一共出现了冷空气、台风和雪 3 位来“天气排期管理处”办业务的人员。这个过程中，业务办理人员查询了冷空气的行程码、测温、有无同行人员等情况，让人忍俊不禁，让人产生去政府部门办理业务的真实体验。在台风办理业务的过程中，出现轻微受阻，然后又对其酌情进行了安排，让人体会到了政府部门灵活办事的特点。最后，雪来办理业务，被告知走错了窗口，让其去哈尔滨，还给指了路。

这条运用了“角色扮演”这一招的视频，从传统形式的天气预报节目中脱颖而出，显得清新活泼。当然，这条出色的短视频也得到了广大用户的认可，点赞量飙升至 25.2 万，评论量涨至 1.9 万。

3. 如何用好这一招

（1）揣摩角色特点

使用“角色扮演”这一招时，需要提炼出被扮演者的特点。比如：扮演老师，则需要挖掘老师这个角色有哪些经典的口头禅；扮演老板，则需要呈现老板这个角色所具有的行为特征。

（2）通过特定场景，增强代入感

所有成功的“角色扮演”都需要通过具体的场景来呈现。比如：扮演老师这个角色，最好的场景是课堂上，因为这个时候老师的人物特征最明显；扮演老板这个角色，最好的场景则是公司会议上，因为这个时候老板的发言最容易被大家关注。

4. 案例解析

下面通过具体案例来讲解“角色扮演”这一招的用法。

（1）殊遇

“殊遇”是一个专注于分享大学校园生活的账号，由于博主为东北人，所以整个账号都带有浓厚的东北式幽默风格。截至 2022 年 1 月，共更新了 74 条视频，累计吸引“粉丝”20.7 万，获赞 491.2 万，如图 13–2 所示。

这里以该账号发布的视频“就问你心动不心动？ # 大学生活 # 直播带货 # 日语专业”作为拆解案例，该条视频为博主的爆款视频，获得 67.8 万赞，6.3 万条评论，如图 13–3 所示。下面来看看博主是如何运用“角色扮演”这一招打造出这样一条爆款视频的。

图 13-2　抖音“殊遇”账号主页

图 13-3　视频“就问你心动不心动？ # 大学生活 # 直播带货 # 日语专业”

（如果用直播带货的方式招生）

主播：后台看一眼齐大（齐齐哈尔大学——作者注）电气专业是不招满了？

教务处：满了哈！

主播：行。下一个专业，齐大日语系。教务处告诉我这个系今年招多少名额？

教务处：60 个。

主播：听见了吗？今年日语系就招 60 个名额，多一个都没有。直播间的各位同学都听好，我就介绍这一次。日语这两年可是个热门专业，我说是小语种里最火的语言这不过分吧！

教务处：咱们家日语系呢，也是属于咱们齐齐哈尔大学外国语学院的。这个院有多优秀，想必也不用我多介绍。

主播：对，也是我自用的专业，体验感非常不错。今年日语系就招 60 个名额，多一个都没有。你就拿咱们日语系和全国所有同类高校去比，往届学生报这个就没有一个说不好的。来，教务处，去年日语系最低多少分？

教务处：460 分。咱们同学反馈都这么好，今年咋的也得涨涨吧！

主播：把嘴给我闭上，我说一个分，赶紧给我招，458！

教务处：那能行吗？这也太低了，这肯定不行，根本没法儿招。

主播：直播间这么多家长或孩子等一晚上，就等着这个系呢！齐大今年破格放一波福利回馈大家怎么了？

教务处：这可是齐大外院日语专业，你当是啥水专业呢？这个系每年培养出多少优秀毕业生，口碑多好啊！你这点儿分就给招了，那指定不行！

主播：是，是，谁都知道这个系好，你也别说那个。来，直播间的同学，你们高考有过458分的，想报这个系的给我扣个1。哎呀，这么多过的呢，想报的这么多呢！行，啥也别说了，同学们，这波福利我是给定了。只要你报了，肯定不会让你失望。准备好下面咱们就拼手速了啊，没报上的就得复读，等下一年了，教务处给我上志愿行吧？

教务处：那行吧！

这条视频运用的是“角色扮演”中人类对于不同社会角色的扮演方式，这里博主“殊遇”选用的是主播这个社会角色，场景是直播间。

在平常的招生活动中，大多数老师都是很严肃地介绍自己所在学校的专业情况，这些传统的形式都让人深感沉闷和无趣。在这条视频中，两位女生则推陈出新，通过扮演“主播”这一职业角色，来宣传自己学校的日语专业情况，包括热门程度、录取分数线及录取人数等。用户刚刚点开视频时，会误以为自己进入了某位主播的直播间，因为其在讲解时所使用的推销语言都和专业主播十分接近，例如：“想报这个系的给我扣个1。”“这波福利我是给定了。”“准备好下面咱们就拼手速了啊！”“教务处给我上志愿行吧？”

这样使用“角色扮演”这一招，让人明显感觉眼前一亮，即便是非常严肃的招生录取工作，也一下子变得轻松活泼了起来。当然，对于学校的招生宣传也能够起到很好的作用。

（2）杨大漂亮

“杨大漂亮”是一个以分享三、四线城市家庭生活为主的账号，另外还进行卖货直播，截至2022年1月，累计发布437条视频，吸引21.3万“粉丝”，获得415.3万赞，如图13–4所示。整体来说，视频平均获赞数量不足1万，仅有少量视频成为爆款。

图 13-4 抖音“杨大漂亮”账号主页

下面以其爆款视频“假如是男人生孩子，你想让他生几个?”为案例进行拆解，该视频获得了 12.6 万赞，1.5 万条评论，为该账号的爆款视频，如图 13–5 所示。让我们看看博主是如何在视频中运用“角色扮演”这一招的。

图 13-5 视频“假如是男人生孩子，你想让他生几个？”

假如是男人生孩子，你想让他生几个？

哎呀，数量不重要，反正我又不是不行，但是最起码你得给我生个女儿传宗接代吧，要不然我也抬不起来头呀！

对了，生孩子的时候一定要顺产哈，我爸说了，剖腹产对孩子不好。重量的话，要八斤八两吧，这样的数字比较吉利。而且一定要父乳喂养，因为这样的孩子比较聪明。

生完孩子不要请月嫂哈，咱们自己又不是不会养，但是我妈身体不太好，她把我养这么大也不容易，让你爸来伺候你月子吧，反正你也没有那么娇气。我爸那时候生完就下地干活了。

还有哈，以后你也不用上班啦，搁家里享福就行了。我工资还行，一个月发2800块钱呢，我每年给你500块钱啊，给我从年头用到年尾。

好的，小姐妹们，我这么说的话，一点毛病都没有吧？那咱再说实在话，你是个男人，你跟谁不是这样过日子？

这条视频也是使用了“角色扮演”这一招中的“人类对于不同社会角色”的扮演模式。在该视频中，博主扮演的角色是“假如是男人生孩子”这一情境下的女性角色（对标当下社会中的男性角色），选用的场景是讨论PUA的经典话题即“想让男性生几个”。

通过这样的角色扮演，更加真实而确切地展示了传统性别角色下男性对于女性生育的一些小心思，从而让观众进一步体会到传统男权下对于女性权益保护的缺失。

因为运用了“角色扮演”这一招，才让男性切身体会到当下的很多观念，如“孩子要顺产”“孩子的重量要一个吉利的数字”“母乳喂养很重要”“生完孩子不要请月嫂，让你妈妈来伺候就行了”“生完孩子不要去上班了，在家里带孩子就行了”“一年给点买菜钱就够了，跟谁不是这样过日子”，等等，都是伤害女性权益的行为，是不符合人情道理的。

这样的“角色扮演”视频，为关注女性权益保护提供了全新的视野。

（3）面瘫安东尼

“面瘫安东尼”是一个萌宠账号，所有视频都是分享面瘫小猫咪安东尼的日常。虽然这只小猫咪一直是面瘫的表情，但是视频内容相当搞笑。截至 2022 年 1 月，该账号共发布视频 257 条，吸引了 62.7 万“粉丝”，获得 1966.6 万赞，如图 13-6 所示。该账号发布的绝大多数视频都点赞破万，均赞近 8 万，更有多条百万级点赞量的爆款视频。

图 13-6　抖音“面瘫安东尼”账号封面

这里以博主的视频“现在的中年小猫咪！一点危机意识都没有！”作为案例进行拆解，虽然该视频内容简单，但是获得了 67 万赞，6.6 万条评论，是一条大爆款视频，如图 13-7 所示。下面一起来看看该博主是如何运用“角色扮演”这一招做出爆款视频的。

图 13-7 视频“现在的中年小猫咪！一点危机意识都没有！”

妈妈教你握手，难道是妈妈想要吃你豆腐吗？想要占你便宜吗？不不不，妈妈只是想让你在社会上多一个混下去的技能。你再看看那些小猫咪，他们每个人都有每个人的技能。你有啥子，你就纯靠一张脸。但在当今社会上，靠脸是不长久的。像你们这种中年小猫咪，最容易到社会上去被别人压榨。你看你要还猫条的贷款，又要还猫粮的贷款，还要还猫砂的贷款，你想不想赚钱？想赚钱是不是？你想赚钱你要干什么？你要学技能，好吗？今天的课就上到这里啊！你回去消化一下，明天我们继续学握手这个技能哈！

在这条视频中，博主运用的是“角色扮演”这一招中的“动植物模仿人类角色”的扮演模式，博主在这条视频中分别将自己和小猫咪的角色设定为

“老母亲”和“被鸡的孩子”，使用的场景是老母亲鸡娃。

大家对老母亲鸡娃这件事情已经习以为常，但是在这条视频中，没想到一只小猫咪也要被鸡娃。

很多人都被自己的妈妈念叨过：“妈妈这样教育，难道是妈妈想要害你吗？不不不，妈妈只是想让你以后在社会上多一个混下去的技能。你看看别人家的孩子，他们每个人都那么优秀。你有啥子，你整天除了吃就是玩，还会干什么？像你这样，以后怎么办？根本就找不到工作，没有人要哈，只能去捡垃圾。你看你以后又要结婚，又要养孩子，你想不想赚钱？想赚钱是不是？你想赚钱你要干什么？你要好好读书，好吗？”相似的鸡娃话术，面对小猫咪也讲了一套，配合小猫咪生无可恋的面瘫脸，让用户“重温”自己被母亲催逼学习的噩梦。

人生如戏，全凭演技，用好“角色扮演”这一招，一定能让创作出来的内容更容易从众多竞争者中脱颖而出。

第十四招　夸张表达

夸张表达，就是在内容上运用夸张的手法，夸大事物的某些特征，引起观众的强烈共鸣和丰富想象。通过对所表达事物的夸张呈现，达到一种喜剧效果，引起观众的兴趣，通常用于展现生活场景、生活现象。

1."夸张表达"的优点

夸张表达来源于现实，但又超越现实。一方面，它与现实息息相关，以便获取大众的关注度；另一方面，它比现实更有表现力，能让大众获得新鲜感。

相比其他表达方式，夸张表达具备明显的优势，可以让平平无奇的内容变得更为丰富，让大众从中看到现实生活之外的东西，不禁感叹："原来生活也可以如此！"通过夸张的想象获得乐趣，满足平淡生活中的猎奇之心。

比如，对于起床这件事，很多人都有起床困难症，那么如何表达起床困难呢？普通的表达是闹钟叫不醒，那将这种现象夸张一下呢？在手机上设置无数个闹钟，用一分钟一个闹钟，甚至一秒钟一个闹钟来叫自己起床，如图14-1所示。这种夸张表达既搞笑，又反映了上班、上学起床时的无奈和心酸，容易引起大家的共鸣。

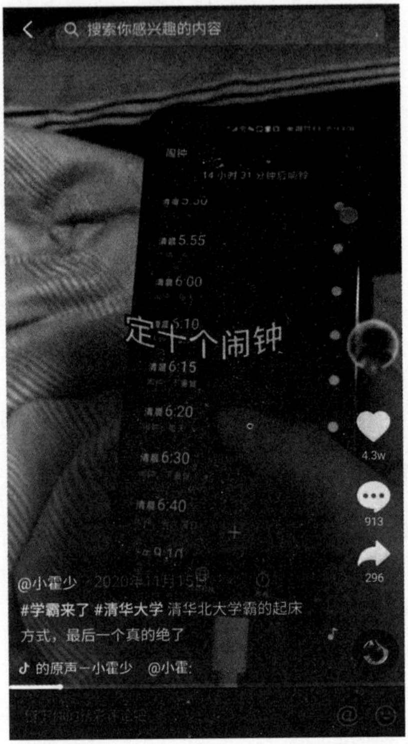

图 14–1　起床困难的夸张表达方式

2. 如何用好这一招

夸张表达的优点这么多，作用这么大，那么如何使用呢？

在日常生活中，我们经常用到夸张表达，可以说每个人都有夸张表达的能力。夸张表达主要有以下 3 种方式，熟练掌握这 3 种方式，夸张表达信手拈来。

（1）扩大夸张

扩大夸张，是指故意把事物说得大、多、高、深、强等的夸张形式。如：

“生活将所有的困难一件不落都给了我，我要怎么坚持下去？”这句话就是想表达自己的生活很艰难，“所有的困难一件不落”是将困难数量扩大了，为的是引起人们的同情，引发关注。

（2）缩小夸张

缩小夸张，是指故意把客观事实说得小、少、低、浅、弱等的夸张手法。如：“曾经穷得连卫生纸都用不起，别问我是怎么擦屁股的。”这句话是要表达自己曾经很穷，穷到什么程度呢？缩小夸张一下，“卫生纸都用不起”，已经到这种程度了，那肯定是特别穷了，目的是向大家说明自己当时到底有多穷。后面的一句更有意思，“别问我是怎么擦屁股的”，这句话既幽默又心酸，让人容易产生联想和同情，也能引发大家的积极讨论，肯定会有很多人去评论：“你是怎么擦屁股的？”还能引发一个话题“不用卫生纸的擦屁股方式”，一个热门话题也因此油然而生。

（3）超前夸张

超前夸张，是指用一件事物将来可能出现的结果来形容这种事物现在的状态，或把一件事物将来的状态提到现在的状态之前的夸张手法。如“假如‘90后’老了”系列，就是超前夸张的例子，这个系列的视频就是预想“90后”的老年生活，“教孙子孙女蹦迪”“和闺蜜逛街喝奶茶”“偷吃辣条”，等等，每个点既夸张又合理，非常符合“90后”的特色。

3. 案例解析

下面以具体的案例来进行拆解分析，看抖音网红博主们是如何使用“夸张表达”这一招的。

（1）刘杨韩

刘杨韩是一个自编自导自演自剪辑的剧情博主，主要内容取材于川渝地区的风土人情，截至 2022 年 1 月，共发布 238 条视频，累计吸引了 48.3 万“粉丝”，获得 834.2 万赞，如图 14-2 所示。大部分视频获赞不足一万，少量爆款视频，平均每条视频获赞 4 万。

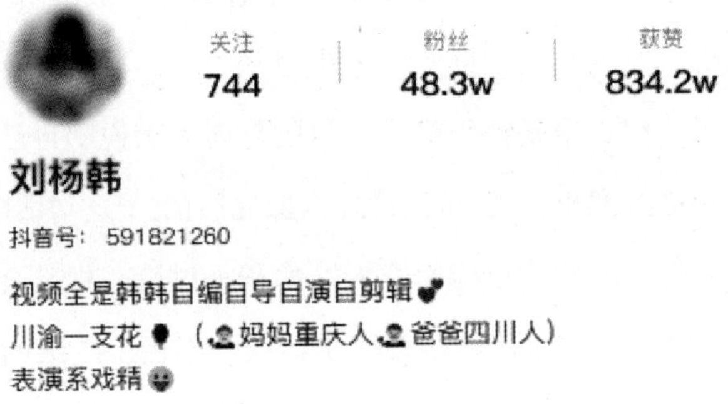

图 14-2 抖音“刘杨韩”账号主页

这里以其视频“四川人说话有多夸张！‘手板心煎鱼给你吃’”为案例进行拆解，该条视频获得 6.5 万赞，3060 条评论，为其爆款视频，如图 14-3 所示。下面一起来看看博主是如何运用夸张表达这招的。

四川人说话有多夸张！张翠花，你个载舅子（蠢舅子——作者注），我把你电话打爆了，你都不接。我在你楼下等了你八大八小时。我在太阳坝下面憨痴痴地等你，热得我摇裤儿打得浇湿，皮子都晒 lia 了（晒脱皮了），我都晒成非洲黑娃咯！劳资（谐音“老子”——作者注）肚子都要遭你气爆了。我儿豁嘛，我以后要是再相信你的话，我就手板心煎鱼给你吃。

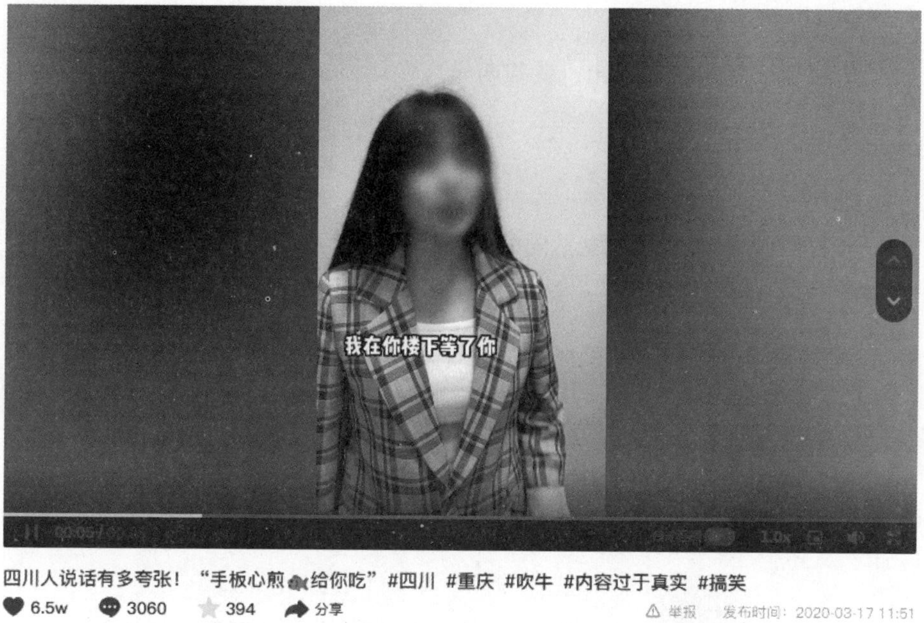

图 14-3　视频“四川人说话有多夸张！‘手板心煎鱼给你吃’”

该视频主要表达的是等人等得很焦急的主题，在运用“夸张表达”这一招时，选择的是扩大夸张的手法。比如，将打了很多次电话，夸张为“把你电话打爆了”；将等了很久，夸张为“在你楼下等了你八大八小时”；将被太阳晒得很热，夸张为“热得我摇裤儿打得浇湿，皮子都晒 lia 了（晒脱皮了），我都晒成非洲黑娃咯”；将感觉非常生气，夸张为“肚子都要遭你气爆了”；将再也不相信被等的人，夸张为“要是再相信你的话，我就手板心煎鱼给你吃”。

如果不用夸张的手法，这段话其实就是“张翠花，我给你打了那么多电话，你都不接。我在你楼下等了你好久。我在太阳下傻乎乎地等你，热死我了，人都要晒脱皮了，人也要晒黑了。我真的好生气，我以后再也不相信你了”。

这和视频里的表达相比，就很明显地发现，还是视频博主的语言更加生动活泼，这就是“夸张表达”这一招的效果所在。

（2）潦草兄弟

与很多博主走精致路线不同的是，博主“潦草兄弟”走的是潦倒路线，以“穷困潦倒”的画风和夸张的表现手法讲述年轻男性的穷酸生活日常。截至 2022 年 1 月，共发布 112 条视频，累计吸引 102.7 万“粉丝”，获得 1795.2 万赞，如图 14-4 所示。从这些数据可以看出，该博主基本上每条视频都是爆款，均赞 16 万。不走寻常路的方式，让其各项数据都提升得很快。

图 14-4 抖音“潦草兄弟”账号主页

“锅漏了用胶水补”“洗发水没了去献血领取赠品洗发水”这些内容在普通人看来已经很夸张了，当“内卷”流行时，“潦草兄弟”又将“内卷”和自己的穷酸相结合。这里以其视频“当穷也开始内卷”为案例进行拆解，在该视频中，博主通过“夸张表达”这一招将穷演绎到极致，获得无数穷人的共鸣。该视频获得 34.2 万赞，2 万条评论，如图 14-5 所示。下面一起来看看，博主是如何使用“夸张表达”这一招的。

图 14-5　视频“当穷也开始内卷”

（当穷也开始内卷）

甲：我一天只吃两顿饭。

乙：我吃了 3 顿，你特别骄傲，是吧？

甲：4 块钱买了一把隔夜菜。

乙：3 块钱买个打折萝卜。

甲：两块钱的面粉可以吃一天。

乙：5 块钱的泡面，我可以吃 3 天。

甲：一块钱我要分成两份用。

乙：不好意思，我分成 10 份。

甲：真是高手！

乙：（甲乙看到地上有个矿泉水瓶子，都抢着要去捡瓶子）你来帮我拿。

甲：你鞋带开了。

乙：你拉链开了。

甲：哎呀！怎么会这样！

乙：（抢着捡起矿泉水瓶子）我的！

甲：明明是我先看到的！

乙：先下手为强。

（在家中）

乙：晚饭吃什么？

甲：你自己做吧，我不饿。

乙：啊，没事儿，我吃萝卜就够了。

甲：哎呀，穷也不能这么应付吧？内卷真的不好，再穷也要吃得体面一点。

乙：（看着甲在桌子边上往保温杯里倒东西）你干吗呢？

甲：嗯，我拿面粉泡水吃。

该视频想要表达的是穷人的生活到底有多潦倒，在运用“夸张表达”这一招时，选择的是缩小夸张的手法，故意把客观事实说得小、少、低、浅、弱。

“潦草兄弟”二人互相比较到底谁更穷，两人各自出招。“一天只吃两顿饭”VS“一天吃了 3 顿”；“4 块钱买了一把隔夜菜”VS“3 块钱买个打折萝卜”；“两块钱的面粉吃一天”VS“5 块钱的泡面吃 3 天”；“一块钱分成两份用”VS“一块钱分成 10 份用”；争着抢捡矿泉水瓶；“晚饭只吃萝卜”VS“晚饭只用面粉泡水吃”。这些瞠目结舌的夸张操作，让人对“潦草兄弟”的穷酸有了更直观的认识。

原本观众觉得“潦草兄弟”穷困潦倒，顶多也就是一个人说“我每月只消费 1000 元”，另一个人说“我每月只消费 800 元”这种量级的比拼，没想到居然夸张到连三餐都不好好吃。这种“夸张表达”的形式，比两个人对着喊“我很穷”“我更穷”这样的比拼形式，更容易让人清楚地感受到“潦草兄弟”在“潦倒”方面内卷得多严重。

（3）小李朝 ye

“小李朝 ye”是一个剧情号，以年轻人的生活为切入点，凭借着对年轻人世界的深刻洞察，热衷一人分饰多角的表现形式，演绎了各种搞笑的剧情故事。截至 2022 年 1 月，该博主共发布 632 条视频，累计吸引“粉丝”1051.1 万，获赞 3 亿，如图 14-6 所示。作为一个条条视频都是爆款的博主，每条视频均赞高达 47 万。因此，该博主也成为平台的优质视频创作者。

图 14-6　抖音“小李朝 ye”账号主页

这里以其视频“当‘90 后’老了时，今天故事线发生在家里……你们今天是不是开学了？”为案例进行拆解，在该视频中，博主一人同时扮演奶奶、媳妇、孙子和孙女 4 个不同的角色，通过运用“夸张表达”的手法表现了“90 后”老去之后与孙辈交流的场景。该视频获得 136.8 万赞，4.1 万条评论，是一条超级爆款视频，如图 14–7 所示。下面一起来看看，博主是如何运用“夸张表达”这一招打造出优质视频的。

图 14–7　视频“当‘90 后’老了时，今天故事线发生在家里……你们今天是不是开学了？”

（当“90 后”老了）

奶奶：想当年奶奶我，发个朋友圈，咦！几百个赞，你爷爷就是我那时候扩列表扩来的。

孙女：奶奶你老是发的这个表情（即钓鱼表情）是啥意思？

奶奶：孙女你今年多大呀？（赶紧换话题）

孙女：我今年 19 了。

奶奶：孙儿，你呢？

孙子：21 了。

奶奶：咦！嗨！可不中呀！你们这么大了还不会蹦迪，奶给你们教两个基础的（摇摆起来，示范蹦迪姿势）。老了老了，假牙差点给我蹦飞了。

孙女：学会了，奶，那俺出去蹦会儿。

奶奶：早点回来啊，没事多玩会，别听你妈滴，我年轻那会儿都蹦到四五点天亮人家公交车营业。

（王者荣耀 timi 声响起）

媳妇：妈，你咋又在那儿打王者哩？医生说了，对心脏不好呀！

奶奶：马上了，推到水晶了都。

媳妇：快点吧！妈妈别打了，你那群老闺蜜，等着你半夜去敬老院唱歌呢！

该视频主要表达的是“90 后”奶奶和孙辈相处的主题，在运用“夸张表达”这一招时，选择的是超前夸张的手法。现在的“90 后”最大的才 32 岁，但是这里超前展现了“90 后”老了之后，是如何与孙辈相处的。

在我们固有的观念中，会认为奶奶的形象应该是慈祥的、和蔼可亲的，对待新鲜事务持保守谨慎的态度，同时也比较爱啰嗦。可是在这个视频中，博主运用“夸张表达”这一招，展示了一个完全不一样的“90 后”老奶奶形象，她性格奔放、热情大方，甚至连人生伴侣都是从社交媒体上认识的；面对自己 20 岁左右还不会蹦迪的孙子、孙女，主动要求他们跟着自己一起学习，甚至动作幅度大到差点将假牙都蹦飞；还催促他们出去蹦迪，可以蹦到凌晨四五点再回家；一大把年纪了，依旧热衷且擅长玩网络游戏；还有一堆人等着自己半夜去唱歌。

其实，这里的“蹦迪”“打王者荣耀”“半夜唱歌”都是用“夸张表达”这一招来展示“90后”这一代人的与众不同。虽然等到“90后”真的老去时，未必还流行这些休闲活动，但是这些内容和我们观念里的老人行为形成了鲜明的反差。

如果博主只是单纯地说“我们‘90后’是特立独行的一代人”，那到底是如何特立独行，表现在哪些方面？仅从这一句话里，我们无法直接体会到。但通过这样“夸张表达”的招式演绎出来，我们就能够深刻体会到这一点了。

4. 注意事项

在使用“夸张表达”这一招时，需要注意把握好夸张的度。夸张并不是歪曲事实，而是要合理夸张。合理夸张要求我们在事实的基础上，借助想象增强效果，积极作用是放大事物的特征，引起大家的强烈共鸣。但如果创作者毫无底线，为了夸张而夸张，往往会适得其反，变成“浮夸”“吹牛”，引起大家的强烈反感。

以事实为依据，但是也不能和事实太近，否则别人会分不清是夸张还是事实，这就需要大家把握好夸张的尺度。

“夸张表达”能够放大事物的特征，将要点直接呈现在大众的眼前，简单直观有效，通过超越现实的表现形式为普通的生活事物注入新鲜感，引起大众的兴趣。抖音上随处可见运用“夸张表达”的成功案例，这是比较重要的创作方式。

第十五招　借力热点

借力热点，即通过分享与热点事件相关的内容，从而获取流量及关注。

1.“借力热点”的优点

因为热点事件本身就有比较高的关注度，我们的视频借力热点事件时，自然而然就能吸引到那些关注该热点事件的人群，不用费太多心思就可以得到相当多的流量。另外，关注这个热点事件的人群，对与该热点事件相关的视频是有兴趣的，通常能够看完整条视频，也就提高了视频的完播率。这就是借力热点最出众的优点。

相信你听过这样的调侃：“人类的本质是复读机。”人都有从众心理，你正在说的，大家都在谈论的，那我也想掺和一下。

全民上网的时代，人类强烈的好奇心让大家想知道世界上每时每刻都在发生着什么事情。虽然每秒都有新的事情发生，但大多平淡无奇，就如同灰尘入水，毫无水花。另有一些事件，或新颖，或搞笑，或颠覆人们的三观，抑或能够满足人们的各种需求，像导火索点燃了烟花，能够迅速吸引人们的注意力，在互联网这个平台上一传十、十传百，仿佛蜘蛛网的丝一样将网民网罗进来。这样的事件就成为热点事件，使更多的用户能够看到。

在全民上网的时代，网络热点事件成为社交谈资一点也不奇怪。热点，时时刻刻拨动人的心弦。如果谁没有跟上热点的脚步，不懂别人在说什么，那说明他落伍了，需要赶快回去补补课。所以大家对热点事件是非常渴求的。

比如，2021 年双十一来临之际，有位抖音博主做了一期双十一玩法的今夕对比，成为其主页点赞量最高的视频，如图 15–1 所示。此博主之前发布的视频都是有关办公室的剧情短片，而在万众瞩目的双十一这个节点输出相关内容，这是典型的借力热点方法。

图 15–1　双十一玩法的今夕对比

2. 如何用好这一招

要想抓住热点事件并且成功借力，需要把握好以下两点。

（1）寻找可借力的热点

一般来说，热点事件可以分为两种类型：一是可预知的，二是突发性的。

可预知的热点事件，比如五一、十一、圣诞、元旦、七夕等节日，或者春招、秋招、中考、高考、国考、省考等行业热点。这些热点事件发生的时间相对固定，可以通过搜索营销日历或根据行业经验提前准备。

突发性热点事件，一般从微博热搜、突发新闻、抖音热榜等榜单爆发。想要分析热点，可以借助抖音热榜、百度搜索风云榜、微博话题榜、知乎热榜等。

下面详细讲解一下抖音平台的热榜跟进方法，如图 15-2 所示。登录抖音网页版（https://creator.douyin.com/creator-micro/home），进入“创作服务平台”，进入“创作灵感”，选择“创作素材”，在“创意洞察”和“活动日历”下能够看到可借力的热点内容。

这些热门视频、创作热点、热门话题、热门搜索词均可作为热点的参考来源，如图 15-3 所示。

如果想提前借力潜在的热点内容，则可以使用“活动日历”，参与平台活动，如图 15-4、图 15-5 所示。

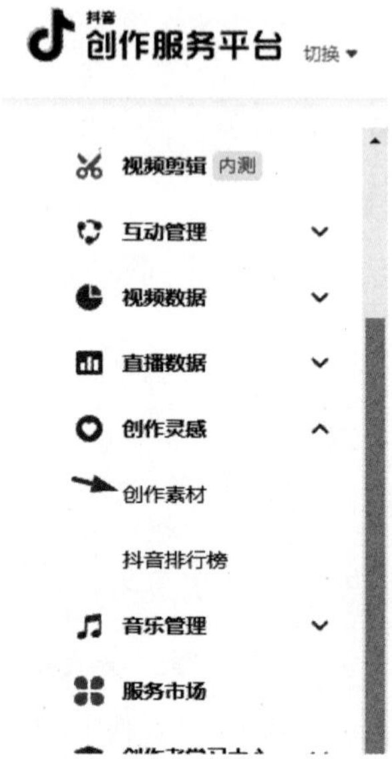

图 15-2　抖音平台的热榜跟进方法

图 15-3　热点的参考来源

图 15-4　“活动日历”页面

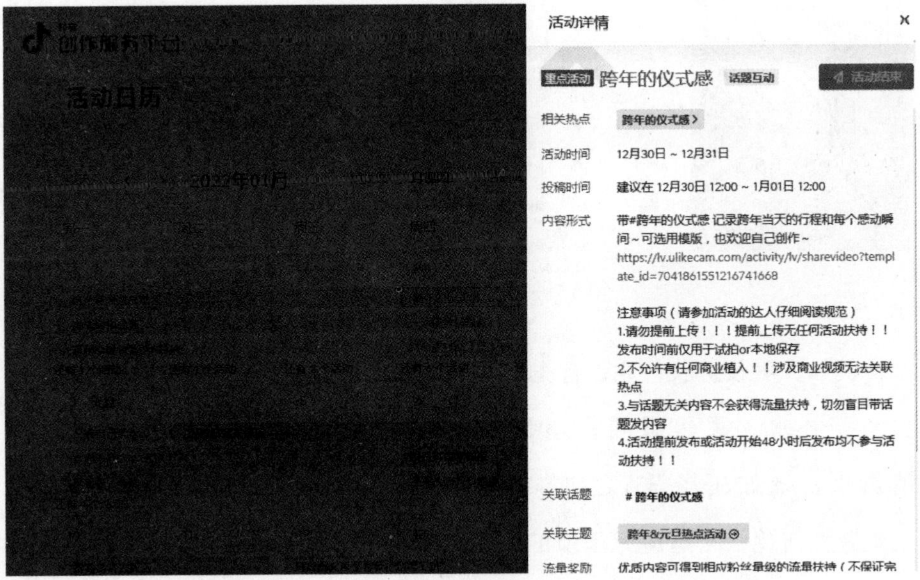

图 15-5　平台活动详情页

（2）寻找独特的内容结合点

登录抖音 APP，搜索“巨量算数”，进入巨量算数小程序，搜索自己所在领域的关键词，了解与此相关的数据情况，如图 15–6 所示。这样就可以了解到，自己所在的领域，用户们最近都在关心什么内容。

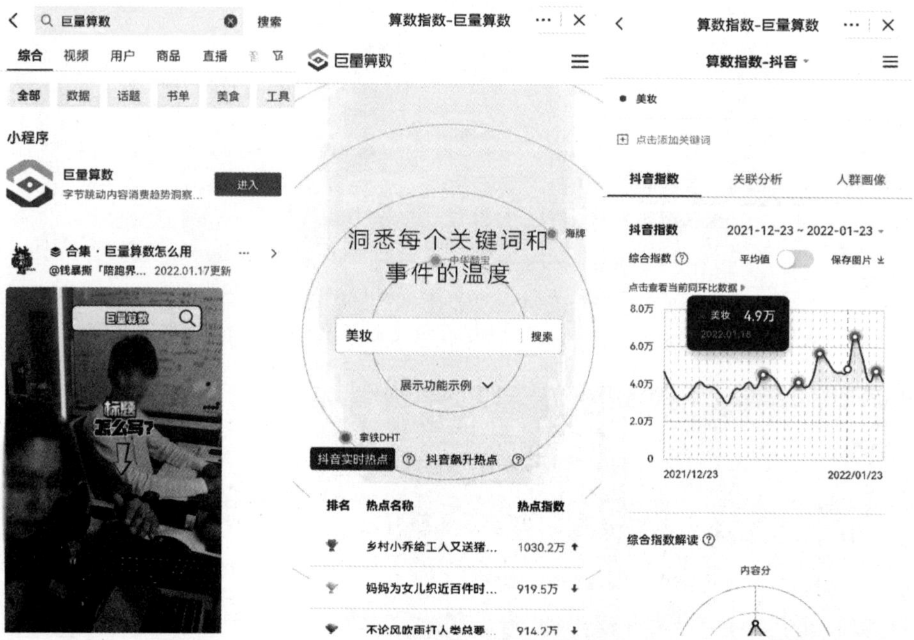

图 15–6 “巨量算数”页面

例如，美妆护肤行业，首先需要了解大家最近关注的关键词是什么，是去皱、补水、去黑眼圈，还是提亮肤色，等等。再结合可借力的营销热点，比如在万圣节之前推出适合万圣节的妆容。此时，诸多“粉丝”正想着如何化妆来适应万圣节的气氛呢，你的美妆视频一发布，“粉丝”怎能不被吸引呢？

又如，夏日来临，化妆如何不油腻也是“粉丝”群体非常关心的。根据自己的“人设”，选择几个方面进行科普，或者推荐夏日如何画出不会花的妆容，防止出汗的小妙招、相关好物，也是一个恰当的时机，很好地满足了“粉丝”的需求。

另外，在即将到来的购物节推荐自己的好用小物、必买清单，则能够借助购物节的“东风”，获得“粉丝”相当高的关注。

3. 案例解析

下面以具体的例子来讲解如何使用“借力热点”这一招。

（1）崎娜 nana

热点事件：在抖音平台，一位名叫柳夜熙的美妆博主，于万圣节的夜晚火了。她的账号仅一条视频在一天之内就涨粉 150 万，几度冲上热搜，目前已经有 459.8 万“粉丝”。

柳夜熙的爆火并非偶然现象，要归功于近日来大热的元宇宙概念。元宇宙究竟是什么？目前为止，科技界对元宇宙还没有公认的权威定义。我个人的理解是，元宇宙就是以一个虚拟数字的身份，身临其境般地参与虚拟现实，就像电影《头号玩家》里的绿洲世界一样。在未来的互联网世界，我们每一个人都会拥有一个虚拟形象，并且五感俱在，在虚拟世界中进行生活、社交、娱乐、工作等。

而柳夜熙本身就是一个出现在真实生活里的虚拟形象，凭借元宇宙的热度，高超的特效技术，加上现实人们感兴趣的设定（美妆、剧情加后期特效技术），并且发布在万圣节这个节点，悬疑剧情与万圣节这个西方的鬼节相撞，想不火都难。如图 15-7 所示。

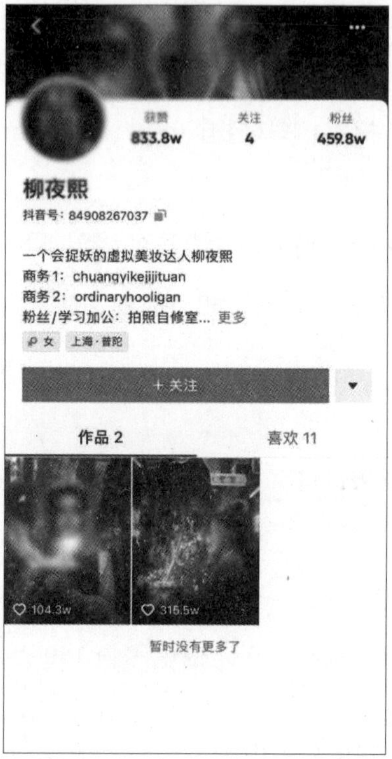

图 15-7 抖音“柳夜熙”账号主页

柳夜熙的出现可谓是对真人博主的一个降维打击，众多博主在看完该账号发布的好莱坞电影级别的短视频后大呼：“你干美妆博主吧，我不干了。”“以后你拍短视频吧，我不拍了。”而普通用户则认为“她”“创新出抖音新高度”“今天最大的惊喜”“美妆博主赛道的最新高维度”，足可见“柳夜熙”账号的成功。

这里就有一个借力“柳夜熙”这个热点的美妆博主——崎娜 nana，她选择的借力热点方式为柳夜熙 + 仿妆。

崎娜 nana 是一位活跃于 cosplay 领域的美妆博主，凭借着姣好的外表与高超的化妆技术，截至 2022 年 1 月，共发布 114 条视频，吸引了 230.5 万“粉丝”，获得 3097.4 万赞，如图 15–8 所示。

图 15–8　抖音“崎娜 nana”账号主页

这里以其视频“coser 申请出战！ # 挑战柳夜熙仿妆 # 充能计划”为案例进行拆解，看其是如何借力热点的，如图 15–9 所示。

图 15–9　视频“coser 申请出战！ # 挑战柳夜熙仿妆 # 充能计划”

崎娜 nana:（看着柳夜熙的成名视频吐槽）好家伙，你来拍抖音吧，我不玩了。等等，cosplay 不是我的强项吗?

小孩：画这么丑的妆，是想要吓人吗?

崎娜 nana：这是美妆，你不觉得很美吗?（变身成柳夜熙）

在这条视频中，我们很明显地看到崎娜 nana 的借力方式为 cosplay，通过高超的化妆技术把自己化得和柳夜熙一模一样，并且还在视频中模仿柳夜熙成名视频中的经典台词，让人感叹其化妆技术的高超，也间接向自己的“粉丝”及其他用户传达了一个信息，即“在化妆这个领域，我真的很厉害”。

（2）透透糖

热点人物：美妆博主程十安 an

美妆博主程十安 an 于 2020 年 2 月 15 日入驻抖音，至今大约有一年半的时间，共发布了 129 条作品，平均每个月 7 条，每次更新的视频都在 2 分钟以上。截至 2022 年 1 月，该账号已经吸引了 2167.3 万“粉丝”，获得 9314.2 万赞，如图 15-10 所示。该账号以无套路、纯干货分享的内容，每个月都能够创造巨大的影响力和营业收入。

图 15-10　抖音“程十安 an”账号主页

这样厉害的人物在抖音自然是备受瞩目的，人人都想学习她的抖音运营技巧，希望自己有朝一日也能成为这样的知名博主。因此，分享“程十安an”的成功之道，也就有了无数潜在的观众。这里就有这样一位擅长抖音运营的博主——透透糖，解析了“程十安 an”这个成功案例。

透透糖是一个专门讲解抖音运营及电商运营的讲师，专注于在平台上分享各类运营干货。截至 2022 年 1 月，共发布 169 条视频，吸引了 68.2 万“粉丝”，获得 256.8 万赞，如图 15–11 所示。

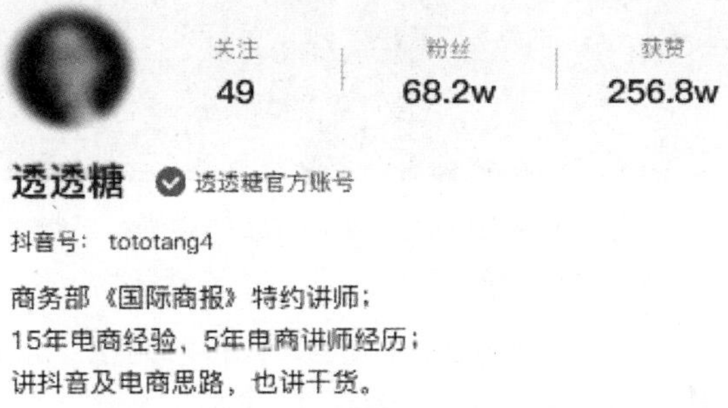

图 15–11　抖音“透透糖”账号主页

这里以其视频“会做流量是一种能力，会变现是更重要的能力，会可持续的变现更牛”作为拆解案例，该视频为此账号的爆款视频，获得了 17 万赞，9060 条评论，如图 15–12 所示。下面来看一看，该博主是如何运用“借力热点”这一招的。

这个“95 后”的小姑娘厉害了，她凭一己之力，每个月创造的利润和影响力甚至超过一家上市公司。在我看来，她是最优秀的员工。她的作品现在一共是 119 条，当美妆博主大概一年半的时间，也就是说，更新频率并不是很高。作品内容大概分为妆容类、护肤类和发型类三大类。

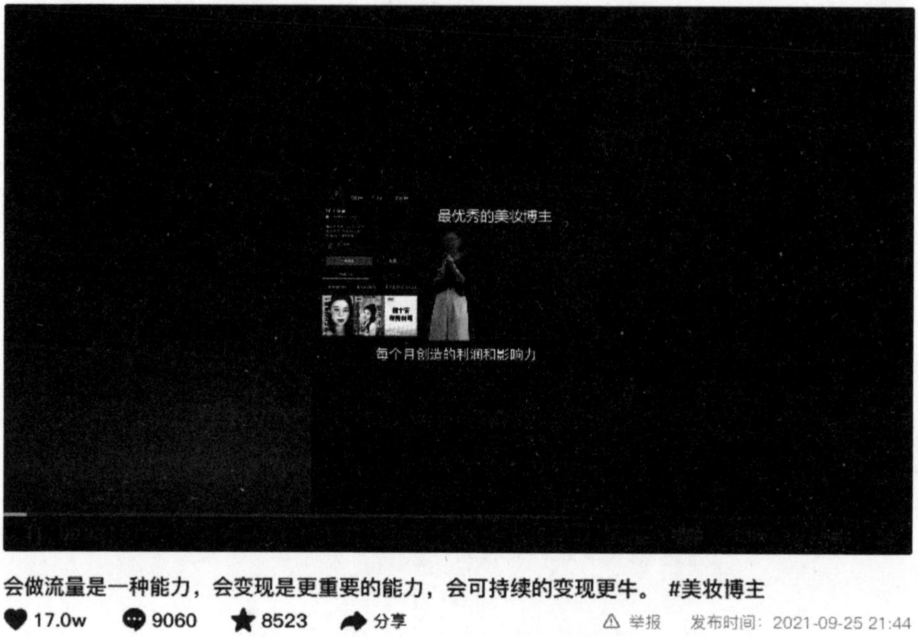

图 15-12　视频“会做流量是一种能力，会变现是更重要的能力，会可持续的变现更牛”

你看啊，最近 90 天一共才更新 17 条视频，其中 3 条是带货的广告视频，这 17 条视频里面有 13 条都是 2 分钟以上，只讲有用的干货，就是不玩套路。你们猜她的内容是原创吗？啊，你懂的，5 年前，哪怕 10 年前，曾经在互联网、在论坛上火过的东西，其实都容易再火一次。

尤其是最近 3 个月，你看，在 6 月底的时候，她的“粉丝”数量才 1000 万，这 3 个月涨了 700 万，现在是 1700 多万，这速度够快吧？既然她的“粉丝”那么值钱，那多带点货，多接点广告，不是挺香的吗？

可是过去 3 个月，她一共才拍了 3 条带货的视频，广告费也只要 15.9 万元一条。你要知道，这个影响力，同级别“粉丝”量的其他美妆博主收个四五十万元是轻轻松松的。她才收 15.9 万元一条，而且一共才接过 3 条广告。

96.4%的女性“粉丝”有多值钱啊，而且她还从来不开直播，是不是很奇怪？直播不开，广告接得也不多，带货短视频拍得也不多，那她要怎么挣钱？

所以我说她比很多美妆博主都优秀，都聪明，聪明在什么地方？她自己开了一家店，这家店现在已经三金冠啦！来，我们看一下她这一年，每个月的营业额一路飙升，在8月份的时候已经达到了6500万元，一个月的销售额，不比带货挣佣金香吗？不比接广告香吗？你要知道啊，自己开店对于个人的综合能力要求，比一个纯接广告的博主要高得多。她要懂公司管理，要懂供应链，要懂仓储、发货、物流、客服、售后啊。而且注意看，再等一下，你“粉丝”量再大，那“粉丝”是你的吗？是平台的。但是当“粉丝”成为客户之后，这个性质就完全变了，客户就是你自己的了。8月份，一个月有7万多个客户的信息呀！要知道，她好年轻，她“95后”，前途不可限量。

在前面我们已经知道，“程十安an”是抖音平台美妆领域的大博主，赚钱能力十分了得。因此，透透糖就拆解了她的赚钱技巧，即“会做流量是一种能力，但会变现更重要”，讲解了“程十安an”脱离了其他美妆博主靠接广告变现的老套路，进化为“少量广告+主打电商”的变现方式，是一个真正的电商企业管理者，而非纯粹的美妆博主。

点开评论区可以看到，前5条评论都是在夸“程十安an”有多么优秀，“粉丝”有多么喜欢和信任“程十安an”。这种借用热点的方式，不动声色，很高级。被她讲解的“程十安an”在抖音有2167.3万“粉丝”，这意味着会有 2000 多万潜在用户给这条视频点赞及评论，可能一下子就引爆这条视频。

（3）暴躁小七

热点事件：女子滑雪下坡不会刹车，激动大喊。

某女子在滑雪场滑雪时，因为不会刹车而大声尖叫，被博主“林子有多大”拍下视频，发上抖音，登上了抖音热榜，如图 15–13 所示。

图 15–13　视频“嗓门越大，刹车越稳”

暴躁小七是一个素人账号，该博主为“女子滑雪下坡不会刹车，激动大喊”抖音热榜事件中的主人公，如图 15–14 所示。

图 15-14　抖音“暴躁小七”账号主页

该博主为热榜事件主人公，下面来看看她是如何蹭这个热点事件的流量的，如图 15-15 所示。

图 15-15　“暴躁小七”发布的视频“刹车不够，嗓门来凑”

姐妹们，我竟然在热门上看到自己啦！别人拍的我上热门了，评论区都说像杀猪，让你们看看我当时是怎么叫的。

该视频的博主，由于被别人拍摄而上了热门，自己再作为热榜话题主人公发布视频，再次爆火。虽然只是自嘲滑雪时的行为，但还是获得了极高的流量曝光。

从这条视频中我们可以学到一点，即热点事件也可以直接抄，不一定就要二次创作。即使是分析热点事件的视频，实际上也有很多人看。

4. 注意事项

"借力热点"这一招，用得好，自然能够增加流量、关注、"粉丝"，等等。但如果用得不好或者用得太多，就会引起用户的反感。

在使用"借力热点"这一招时，选择的热点事件最好跟自己所处的行业相关，不能生搬硬套。理智使用"借力热点"这一招，将热点当作"好风"，驾驭得当，它自有送人上青云的潜力。

除了大众都在关注的热点（如微博热搜、抖音排行榜等）之外，短视频创作者还要看看你所在的行业，最近国家出台了什么相关法律法规，业内排名前几位的公司最近有哪些行动，再了解其他行业最近的行为表现是否可能影响你所在的行业，等等。这些信息普通民众不清楚，却可能成为你行业内的新热点。

当然，热点也是有时效性的，几年前的东西就不要再讲了。因此，借助热点一定要把握时机。热点所具有的时效性决定了它越早用越好，对于大多数热点来说，能早用就不晚用，越早得到的关注度就越高，效果自然也就越好。

总而言之，“借力热点”这一招可以自带流量与话题，增强信服力，起到画龙点睛的作用，在抖音爆款文案18招里占得重要一席，它的地位与作用是其他技巧无法取代的。用好“借力热点”这一招，就如同用好一把有巨大威力的剑，有助于我们破除路上的艰难险阻，直达理想中的星辰大海！

第十六招　情感共鸣

《简明心理学辞典》中认为，情感共鸣是指人们在察觉他人情感表现或造成他人情感变化的情境（或者处境）的刺激作用下，所引起的情感或情绪上与之相同或者相似的反应倾向。

简言之，就是当人们从别人口中听到某句真心话，或者拥有与之相似的经历和认知时，就会感到内心受到巨大冲击，从而在情绪上产生一定的认同感和默契感。

1.“情感共鸣”的优点

在抖音里，好的文案要懂得调动用户的情绪，引起共鸣，并给予用户一个宣泄的出口，让用户感受到：如果你心中有事，找不到人倾诉，没有发泄的出口，就来找我吧！我愿意随时倾听你的烦恼、你的忧愁。开心时，可以让我和你一起开心；不开心时，可以找我，我会让你变得开心。我愿作为一个倾听者，倾听你所有的情绪。

要想让文案附带情绪，首先要知道情绪的分类。

一是正面情绪，包括快乐、信任、乐观、喜爱、感激等正能量的情绪，一般会导向好的结果。每天带着这些情绪的人会很正向、阳光。

二是负面情绪，包括失败、悲伤、恐惧、焦虑、气愤、厌恶等负能量的情绪。拥有这种情绪的人大多用自嘲来认清理想与现实，用讽刺来宣泄生活的烦闷，终日郁郁寡欢，仿佛灵魂掉进深渊，只剩躯壳在机械运动。

以抖音账号“正观新闻”发布的一条视频为例进行讲解，图 16–1 所示为“正观新闻”账号主页。该视频内容为寻回被拐孩子后，亲生母亲的发言，如图 16–2 所示。

图 16–1　抖音“正观新闻”账号主页

在该视频中，符建涛母亲说了这样一段话：

我不能出这个谅解书，因为我根本没办法原谅，我不能昧着良心说，我就是因为他养了你 14 年。不是我让他养的，是因为他偷走了我的孩子，不是我养不起。我不会说，因为我恨，我恨这个人贩子，我恨这个买家，我就不让我孩子去认他们。如果是我孩子的行为，是我孩子的感恩之心，他去做，我不会阻止他。

这样讲道理又讲情理的发言，一下子就博得了无数人的认可和同情。因为买家的行为给自己的家庭带来了无法磨灭的伤痛，孩子愿意出谅解书是孩

图 16-2 寻回被拐孩子后，亲生母亲的发言

子心地善良，但是自己不愿意出谅解书，因为自己没办法昧着良心去认可买家买自己孩子的行为。这样的发言充分展示了“情感共鸣”的力量，因为任何一个做父母的人都能理解符妈妈的心情。

2. 如何用好这一招

既然“情感共鸣”这一招这么有效，那么应该如何使用呢？主要可以从以下 3 个方面展开。

(1) 明确想要激发共鸣的情感点

不同的主题，可以激发出不同的情感共鸣。因此，面对视频素材时，需要明确自己想要通过该素材激发哪一种情感。

（2）构建触发场景

通过构建相似的场景，挖掘用户从小到大可能经历的共同情绪。一个人一生中有很多重要节点，如第一次入学、第一次谈恋爱、18 岁成年礼、大学毕业、初次参加工作等，这些节点最容易引起情绪波动。文案就要利用这些节点，吸引用户，引导用户的情绪，为用户提供情感支持。

（3）设计代入感

能引发情感共鸣的视频一定是非常有代入感的，比如上文中符建涛妈妈的发言，让人代入的就是“辛苦寻找被拐孩子的父母”这一角色。这样有情绪的文案会让用户产生较强的代入感，用户看到文案，会不由自主地将自己代入角色。

3. 案例解析

下面将通过 3 个案例，来解析“情感共鸣”这一招的具体用法。

（1）深圳卫健委

“深圳卫健委”是专注于最新的卫生健康话题的科普类账号，虽然是官方账号，但是因为其诙谐幽默的风格红遍大江南北。截至 2022 年 1 月，已吸引 40.8 万“粉丝”，获得 669.6 万赞，如图 16–3 所示。

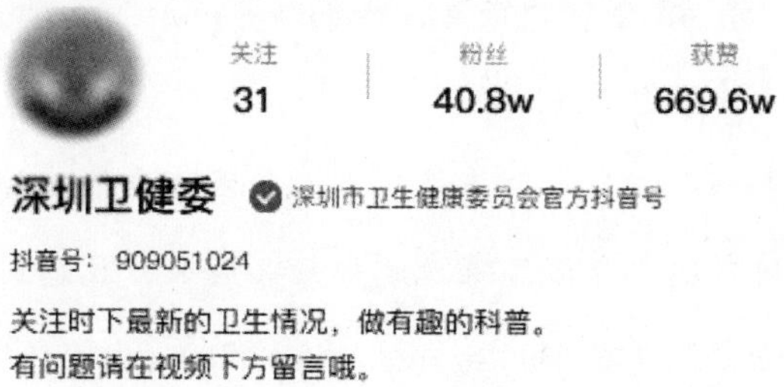

图 16–3　抖音“深圳卫健委”账号主页

下面以其视频“此时此刻，讲一个关于佢地嘅爱情故事”作为拆解案例，该视频在 1.5 分钟里讲述了一个感人的异地恋故事。该视频获得了 74.1 万赞，8.5 万条评论，而且这些数据还在继续上涨，如图 16–4 所示。让我们来看看这个故事是如何运用“情感共鸣”这一招的。

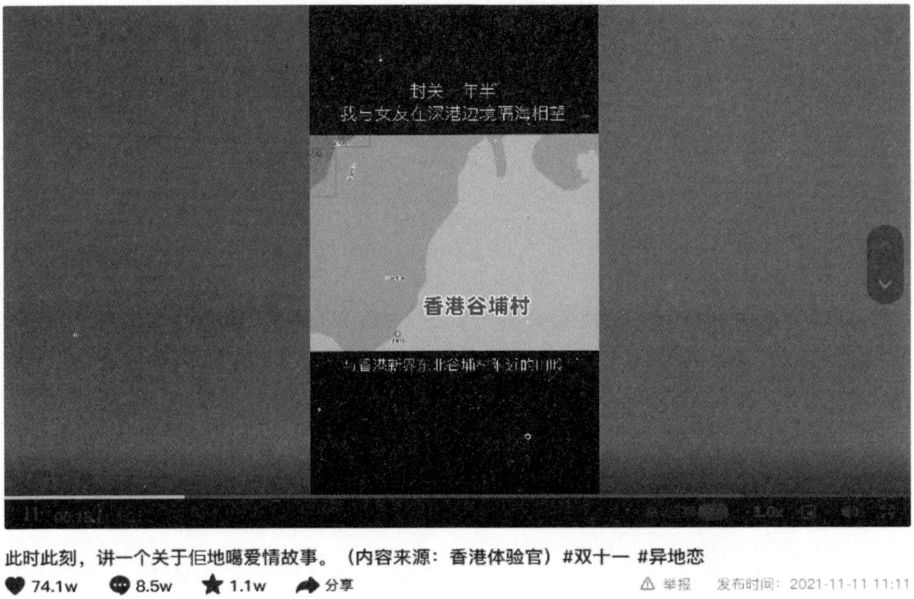

图 16–4　视频“此时此刻，讲一个关于佢地嘅爱情故事”

字幕：明明只有 45 分钟的距离，我们却异地恋了 5 个月。封关一年半，我与女友在深港边境隔海相望。

旁白：我是香港人，我女朋友是深圳人。因为疫情的关系，我们的见面从以前的一星期两三次，变成了每晚都视频。后来，我想到了一个办法。在深圳的盐田海滨与香港新界东北谷埔村附近的山岭，中间的距离只有 1 公里。我们制订好计划，终于可以见面了。在望远镜的协助下，我们终于可以看到对方了。我们一边打电话一边跟对方挥手，因为隔得太远，只能看到一个模糊的小人。第二次，我女朋友直接拿了一个粉红色的气球在手里，这样我就看得更清楚了。只不过，我觉得还是太远了。凭借我在香港多年的居住经验，这是香港的最北边，叫作白虎山，山丘只有90米，山顶有一座用来观察偷渡者的碉堡。这里两边相隔仅400米左右，交通接驳也很方便。于是，恰逢七夕，我们就像牛郎织女一样，在两边隔海相忘，这个感觉真的很难形容。这次还多带了一个朋友，他也很久没跟女朋友见面了。原来，相爱的人真的会翻山越岭，想尽办法见上一面，哪怕只是远远地看一眼。

字幕：希望疫情早日结束，我们的爱可以一直通关。

在疫情之下，每个人的生活都受到了极大的影响，例如无法像之前一样自由外出，无法像之前一样不戴口罩出门，无法像之前一样从不担心被传染甚至失去生命。所有的一切都充满了不确定性，每个人都在期盼着疫情早日过去。因此，在这个视频中，博主讲述了由于深圳和香港之间封关，自己和女友无法见面，但是依然想尽一切办法“远远地看一眼”的故事，不仅打动了和他们一样因为疫情而无法相见的异地恋人们。这种“所爱隔山海，山海皆可平”的精神，更深深地打动了所有人。

在该视频中，触发的情感共鸣点是异地恋，场景是异地恋人见面。在平常的生活中，异地恋情本就难以维持；在疫情之下，异地恋就变得难上加难。再讲述两人费尽心思见面的过程，能让观众产生强烈的代入感。当故事讲完，很多人就与主人公产生了深深的情感共鸣。

（2）王小呆

“王小呆”是一个专注于分享各类娱乐新闻的抖音账号，虽然大多数视频点赞量都不是特别高，但是胜在更新频繁，截至 2022 年 1 月，共更新 1260 条视频，吸引了 155.4 万“粉丝”，获得 6235.7 万赞，如图 16–5 所示。

图 16–5 抖音“王小呆”账号主页

这里以其视频“原来忠犬八公的故事真的存在……破防了我～猫咪真的忠爱一人!”及“如果说有天堂的话，那他们一定相遇了”为拆解案例，这两条视频共计获得 217.3 万赞，11.5 万条评论，如图 16–6、图 16–7、图 16–8 所示。下面来看一看，这两个视频是如何运用“情感共鸣”这一招的。

忍不住破防，英国街道上有一只猫，5 年来每天准时出现在 3 路公交车的站台前，并独自坐公交车绕城一周，最后回到上车的站点独自离开。原来，猫咪的主人 5 年前因病去世，它不明白为什么主人突然从家里消失，于是，便每天乘坐和主人一起乘坐过的 3 路公交车，他觉得每天在公交车上守候就一定能等到主人回家。17.5 公里的距离，是它对主人的思念。

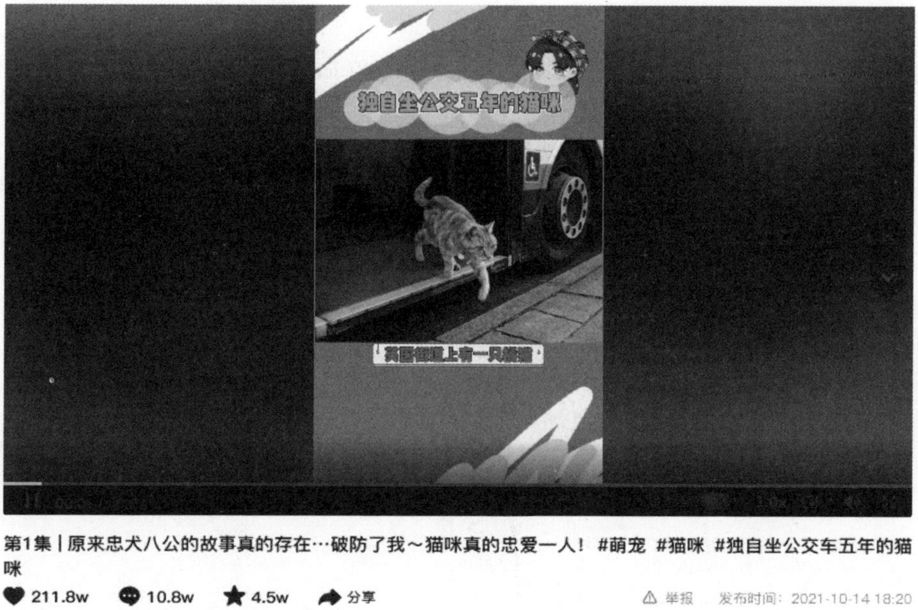

图 16-6　视频“原来忠犬八公的故事真的存在……破防了我～猫咪真的忠爱一人！”

图 16-7　“如果说有天堂的话，那他们一定相遇了”

几年的时间，猫咪在 3 路公交车上迎来了自己的 15 岁生日，这时的它差不多已经是人类 80 多岁的高龄。它有时会因记忆力衰退而忘记这班公交车的时间，但它从未失约，大家也都默默陪着它走完这 17.5 公里。某一天，在前往站台的路上，一场车祸夺走了猫咪的生命。对它来说，生命的 2/3 和主人一起度过，剩下的 1/3 是 17.5 公里的路上对主人的思念。所幸的是，最终在天堂与主人相遇。

图 16-8 “如果说有天堂的话，那他们一定相遇了”评论区

在全民“吸猫”的年代，可爱的小猫咪融化了无数人的心。“王小呆”这个账号分上、下集讲述了一只等待主人 5 年的猫咪的故事。在上集中，小

猫咪每天坚持不懈地独自去乘坐 3 路公交车，只因它认为这样就能等到主人回家。在下集中，这只相当于人类 80 多岁高龄的小猫咪在去乘坐公交车的路上，不幸由于车祸失去了生命。

在该视频中，触发的情感共鸣点是小猫咪对主人深沉的爱，场景是在公交车上。在日常生活中，大多数人养宠物是为了让宠物陪伴自己，却没想到原来小猫咪如此有灵性，如此爱自己的主人。当“铲屎官”们看到这样的小猫咪，会不由自主地代入小猫咪主人的角色，从而产生一种被小猫咪深深爱着的感觉，达到情感共鸣。

（3）闹腾男孩 KC

“闹腾男孩 KC”是一个以广东人视角展示生活日常的账号。该账号的视频以真人出镜的剧情故事为主，靠着对广东人生活的深刻洞察以及诙谐搞笑的表演，打造出不少爆款视频。截至 2022 年 1 月，该账号累计发布 591 条视频，吸引了 720.2 万“粉丝”，获得 1.4 亿赞，如图 16–9 所示。

图 16–9 抖音“闹腾男孩 KC”账号主页

这里以其爆款视频“广东人的脑回路有多清奇 # 没有一个广东人可以逃得过热气”作为案例进行拆解，该视频通过人物对话的形式，生动活泼地讲述了广东人眼中的热气，如图 16-10 所示。下面来看一看，博主是如何运用“情感共鸣”这一招的。

图 16-10 视频“广东人的脑回路有多清奇 # 没有一个广东人可以逃得过热气”

旁白：广东人的脑回路。

广东人：哇，你声音怎么了？

北方人：没事儿。刚起来嘛！

广东人：你这是热气哦！

北方人：刚起床，咳咳……

广东人：咳嗽啊？

北方人：清嗓子。

广东人：咽炎喔，热气喔！

北方人：喔喔，我不清哦，刷牙去。

广东人：（看着刷牙的北方人）哇！

北方人：干吗？

广东人：牙龈出血啊你，热气喔！

北方人：我牙龈炎。

广东人：那就是热气喔，热气导致的牙龈炎嘛！

北方人：行，不刷啦！

广东人：哇！

北方人：干吗？

广东人：你口臭啊，热气喔！

北方人：你压根儿牙都没让我刷。

广东人：脾气这么暴躁的？

北方人：我暴躁？

广东人：热气喔！热气就会暴躁喔！

北方人：兄弟，我这一早起床，你就叭叭个没完，我昨晚又没睡好。

广东人：昨晚没睡好啊？

北方人：对啊！

广东人：辗转反侧，难以入眠啊？

北方人：对啊！

广东人：喔，热气喔！

北方人：是你丫的打呼噜！

广东人：是吗？我以为你早就睡了。

北方人：3 点，你那呼噜打得我 3 点才睡着。

广东人：熬夜呐！

北方人：不然呢？

广东人：难怪啦！熬夜，熬夜热气喔！

北方人：嘿，我今天不弄你。

广东人：哎呀，别生气！

北方人：又干吗？

广东人：给你买了早餐，表示我的歉意。

北方人：有啥吃的啊？

广东人：油条、生煎包、牛腩粉。

北方人：嘿，行啦！

广东人：都是我的啦！

北方人：啊？

广东人：你喝旁边那杯斑砂，别的这些东西啊，热气喔！

不同的地域有着不同的民风民俗，热气即上火，对于广东人来说是常见的症状，很多表现属于上火，上火了则需要喝凉茶降火。这样的民风民俗对于北方人来说，却显得很奇怪。因此，在这个视频中，广东人将北方人的一系列行为表现如声音沙哑、清嗓子、牙龈出血、口臭、失眠熬夜都归根于热气。

在该视频中，触发的情感共鸣点是广东人将所有症状都归根于热气。这样一个场景，让很多人都有了代入感，毕竟很多人早上起来都会声音沙哑、咳嗽几声，或者是刷牙时牙龈出血等。

通过这样一个视频，一方面让北方人感觉“广东人觉得一切症状都是因为热气，好搞笑啊”，另一方面让广东人感觉“你们北方人不懂啊，这些情况就是有热气”。两个地域的用户群体都能从视频中找到各自的情感共鸣点。

因此，该视频同时获得了北方人和广东人的认可，在简单的剧情演绎里，情感共鸣超高，视频一下子就火爆了。

4. 注意事项

其实，作为内容创作者，在使用“情感共鸣”这一招时，需要注意避免过度煽情，因为这是一种虚假的集体共情。

如果“煽情”变成一种道德绑架，那么“煽情”这个行为就成了一种控制人们思想的工具——通过塑造夸张甚至不实的高大感来笼络人心，控制人们的思维，以至于让人们忽略事实本质的真假对错。其实，这本身就是一种欺骗行为。当人们的头脑被超量的情感占据，就会暂时丧失思考的能力，并盲目跟风去做同一件事情，高喊同一声口号。

运用“情感共鸣”这一招时，需要的是真实的情感与有限的共情。这种情感与共情是不能强求的，不带任何道德评判的，不带人身攻击与威胁的，不带对人的思想上的操控的。

最后，我们要明白，“情感共鸣”这一招，最重要的是通过情感打动用户的心，而非操控用户的心。只有合理地引发“情感共鸣”，才能真正打动用户。

第十七招　感官刺激

什么是感官刺激？感官是指我们的眼睛、耳朵、鼻子、舌头、皮肤等器官。刺激是指某种物体或者现象对生物体造成的较为强烈的影响、作用，使人情绪激动，精神上受到剧烈震撼。

在我们开始接触、认识、探索这个世界的时候，就已经在用自己的感官了，比如用眼睛看，用耳朵听，用手触摸，用心灵去感受，等等。我们是通过这些感官认识这个世界、接触这个世界的。感官是我们认识世界的基础，我们可以利用感官调动观众认识与了解视频的兴趣。

在短视频中运用“感官刺激”这一招，是十分常见的，毕竟抖音的口号是“记录美好生活”。因此，在抖音上能看到美景、美食、美女等一系列美好事物，用户同样被这些内容所吸引。由此可见，“感官刺激”这一招时刻被广大创作者所使用。

1.“感官刺激”的优点

为什么推荐大家使用“感官刺激”这一招呢？

(1) 内容冲击力度越大，点赞越多

使用“感官刺激”这一招，最重要的是视频内容对用户的冲击力度，只要这个冲击力度够大，就能打动人心，因此对于视频的创作环境、时长等要求都不高。例如，美妆博主可以创作变装类视频，特别是男扮女装，男博主以女生形象示人，同时模仿女生的言谈举止，会让观众耳目一新，这就是我们所说的内容冲击力度。

（2）素材可取自日常生活

视频素材可以根据账号定位，取自日常生活。例如，宠物博主可以发布自家猫咪的日常活动等，展示猫咪的可爱形象。

（3）对文案要求偏低

感官刺激类视频，对于文案的要求是偏低的，只要讲清楚视频的主题内容就可以。

2. 如何用好这一招

可以使用“感官刺激”这一招的场景十分广泛，在抖音上以视觉类视频和听觉类视频为主，因此以下主要围绕这两类视频进行讲解。

（1）视觉类视频

最为常见的视觉类视频包括美食类、美妆穿搭类、美女类、风景类等。美食类视频可以在文案中着重描述美食的制作过程，展示美食的色香味。美妆穿搭类视频需要注重整体色彩的运用与展示。美女类视频通过对女生的外貌身材及变装等进行展示，让人生出对美女的喜爱之情。风景类视频则偏向对名山大川、日出云海等风景的特点描述。以上文案辅以视频画面的冲击，容易吸引人们为视频点赞。

①案例一：帅气的悉尼小猪猪

帅气的悉尼小猪猪是一个以分享美食为定位的抖音账号，通过实拍分享各类中外美食，在抖音上获得了 665.5 万“粉丝”，1.2 亿赞，属于美食类账号中的佼佼者，如图 17–1 所示。综观其视频内容，基本上条条都是爆款。究其原因在于其作为一个美食类账号,运用“感官刺激”这一招的能力炉火纯青。

图 17–1　抖音“帅气的悉尼小猪猪”账号主页

下面就以其视频“芝士瀑布汉堡也太罪恶了？你们说我吃完这一顿会胖几斤？”为例进行讲解，该视频点赞 35.5 万，评论 2.4 万，视频时长不足 2 分钟，如图 17–2 所示。

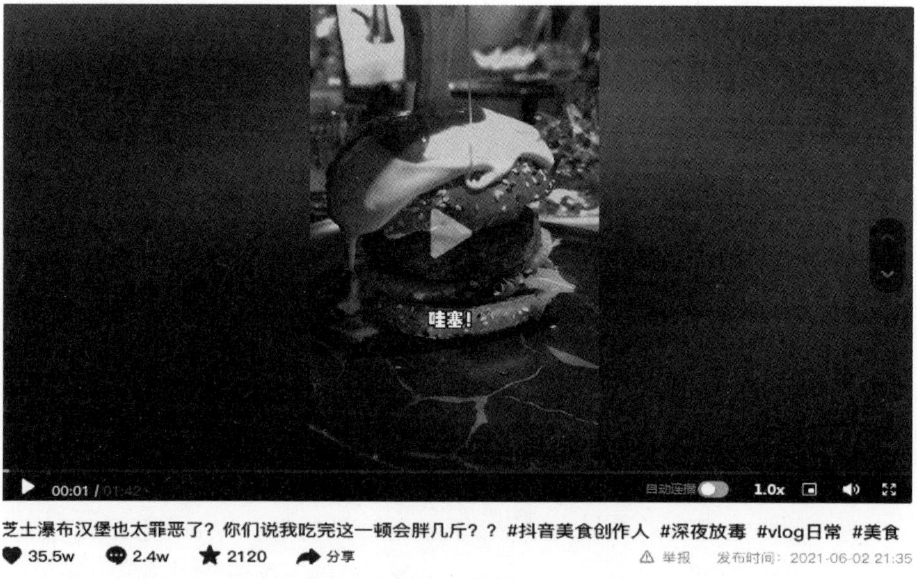

图 17–2　视频“芝士瀑布汉堡也太罪恶了？你们说我吃完这一顿会胖几斤？”

博主：哇！这肉酱和芝士就像瀑布一样浇在汉堡上！这样的热量炸弹，你们确定不要来一口吗？

你们还记得我带你们吃过一个芝士瀑布汉堡吗？看着老诱人了！听说他家最近新出了一个番茄肉酱和芝士的双拼瀑布汉堡。身为一个吃货，有新品肯定要带妹妹一起尝尝啊！先给妹妹点一个她最爱的波士顿龙虾卷！哇！你们吃过披萨牛肉汉堡吗？这么大一个才99元，看着好划算啊！（与此同时，双瀑布汉堡终于上来了）你们感受一下这热气腾腾的肉酱和芝士，就仿佛隔着屏幕都能闻到香味，有没有？而且这个汉堡真的超级厚，我能轻松抓起篮球的一只手，愣是抓不住这个汉堡，你敢信吗？（狠狠吃一口）哦，我本以为放了这么多芝士，吃上去肯定特别腻，但因为汉堡里放了好多片橙子，所以吃上去反而很清新，而且番茄肉酱和这层牛肉真的是绝配，想给你们每个人都喂一口！真的好好吃呀！哇！你这龙虾卷看着非常不错哦！给我尝一口呗！

妹妹：来！

博主：谢谢！说实话，我都好久没有吃过这么大的龙虾了，妹妹还真是大方啊！惊喜呢？里面的肉呢？（被妹妹挖走了）你！

博主：额，这个牛肉披萨汉堡怎么这么点一个，和图片的差距也太大了吧！但不得不说，吃上去味道还不错，唯一的缺点居然是上面这层掉的居然是香椿苗。所以我愣是在这披萨汉堡里吃出了一种香椿炒鸡蛋的感觉，也是醉了。相比麦当劳和肯爷爷的细薯条，有没有人更喜欢吃粗薯条的？这上面满满的炸蒜末，还有干酪碎，再蘸一点番茄酱，简直不要太好吃，刚出锅的特别脆！甜品我点了一杯奥利奥巧克力奶香，上面还有一块巧克力蛋糕，这种热量满满的甜品，真的入口就会出现笑容，嘿嘿嘿……最后还有一些没吃完的菜，我们都打包了！吃完这顿，我仿佛已经感觉到自己在长胖了。妹妹，明儿我们一起去健身减肥吗？

妹妹：啊？天气不错！

博主：溜了溜了，哈哈哈哈！

在该视频中，通过“瀑布一样”“这么大一个才 99 元”“热气腾腾的肉酱和芝士”“特别嫩”“真是绝配”“这么大的龙虾”“吃出了一种香椿炒鸡蛋的感觉”等语言描述，配合画面内容，可以非常直接地看到创作者运用“感官刺激”这一招，生动形象地展现了芝士瀑布汉堡及其他菜品的特点，让人忍不住边看边流口水。

②案例二：是小熊哟

作为一个仅仅更新了 5 个视频就异军突起的宠物类账号，“是小熊哟”凭借分享自家小黑猫的趣事就获得了 22.1 万“粉丝”，289 万赞，涨粉能力非常强，如图 17–3 所示。

图 17–3　抖音“是小熊哟”账号主页

下面就以其视频“养黑猫的第一天，这也太难找了吧？！”为拆解案例，该视频获得了 176.2 万赞，7.6 万条评论，如图 17–4 所示，可谓爆款视频中的顶流。这条视频虽然只是以“在家里找黑猫”为切入点，但是这作为养猫人士的常见经历，非常容易引发用户的共鸣。

图 17-4 视频“养黑猫的第一天，这也太难找了吧？！”

博主：养黑猫的第一天就找不到了，因为小熊实在是又小又黑，所以每次我找它都特别费劲。唉，今天不知道又去哪了！(伸手到黑色垃圾袋里）在这吗？(无。伸手拿开椅子上的黑色抱枕）还是在这儿？去哪了？(看到床上的黑色枕头）你怎么又睡在枕头那儿了？(抚摸黑色枕头）小熊？手感不对。(拿开发现是件黑色的衣服）这什么呀？(听见脚边一声猫叫，看见地上的黑色电脑包上一团黑色）你不会在这儿吧？(用脚触碰猫）

猫：为什么踩我？

整个视频以养猫第一天的找猫行为作为切入点，通过 4 个寻找节点（垃圾桶—黑色抱枕—床上的黑衣服—地上的黑色电脑包）的演绎，整个感官刺激在真猫—假猫—真猫—假猫之间来来回回，在一个个物品假象中把找猫的难处展现出来，让观众的心情也跟着起起落落，从而深度代入并体会到黑猫难找的特点。

（2）听觉类视频

听觉类视频的感官刺激主要分为两类——“背景音乐类”和“配音类”。大多数视频属于“背景音乐类”，好的背景音乐具有点石成金的效果。众所周知，近年来，《星辰大海》《往后余生》《野狼 DISCO》等歌曲都是先从抖音上火爆，然后才全面走红网络。从这个侧面也能看出为什么听觉也是“感官刺激”这一招中的重要组成部分。当然，还有不少视频借助独特的配音效果，给用户以独特的听觉享受。

①案例一：藤蔓

藤蔓是一个以分享日常生活为主题的素人账号，发布了 128 条视频，大多数视频都是千赞左右。该账号之所以能拥有 4.7 万“粉丝”、221.7 万赞，与其发布的一个在厨房做菜的爆款视频有关。如图 17-5 所示。

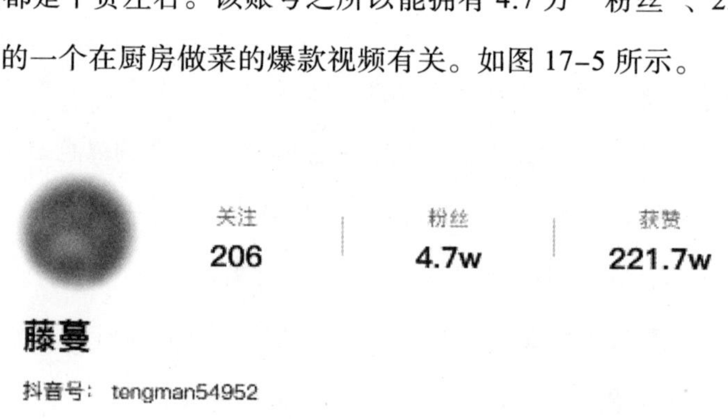

图 17-5　抖音“藤蔓”账号主页

下面，就以其爆款视频“收藏已久的音乐 终于用上了”为案例进行拆解，该视频获得 174.4 万赞，10.7 万条评论，如图 17–6 所示。

图 17–6　视频“收藏已久的音乐 终于用上了”

从内容上看，这只是一个 6 秒钟的超短视频，分享的只不过是锅里煮着面条和鸡蛋的画面。画面里的鸡蛋上有两个小圆孔和一个横向的大洞，看上去就像人的双眼和嘴巴。锅里的水泡不断从横向的大洞里冒出来，辅助以背景音乐，让整个画面诙谐有趣。因为背景音乐是小朋友吐舌头骂骂咧咧的声音，从而让人以为鸡蛋正在骂骂咧咧。倘若没有使用这个背景音乐，这条视频是很难火爆的。由此可见，该视频的背景音乐从听觉上给了用户非常强烈的“感官刺激”。这就是背景音乐使用得当的妙处。通过评论区的留言也可以看出来，如图 17–7 所示。

图 17–7　视频“收藏已久的音乐 终于用上了”评论区

②案例二：胥渡吧小蝶

作为知名配音团队的成员，“胥渡吧小蝶”在网络上发布过很多给知名电视剧角色配音的视频，现在将配音融入日常生活，显得更加生动有趣。凭借其优质的内容及专业的配音功底，虽然目前仅在抖音发布了 18 条视频，却拥有 56.6 万“粉丝”，收获了 354.5 万赞，如图 17–8 所示。

图 17-8　抖音“胥渡吧小蝶”账号主页

下面以其视频“声优老婆如何叫老公起床～”为案例进行拆解，该案例发布不满 1 个月就获得了 129.7 万赞，7.1 万条评论，如图 17-9 所示。

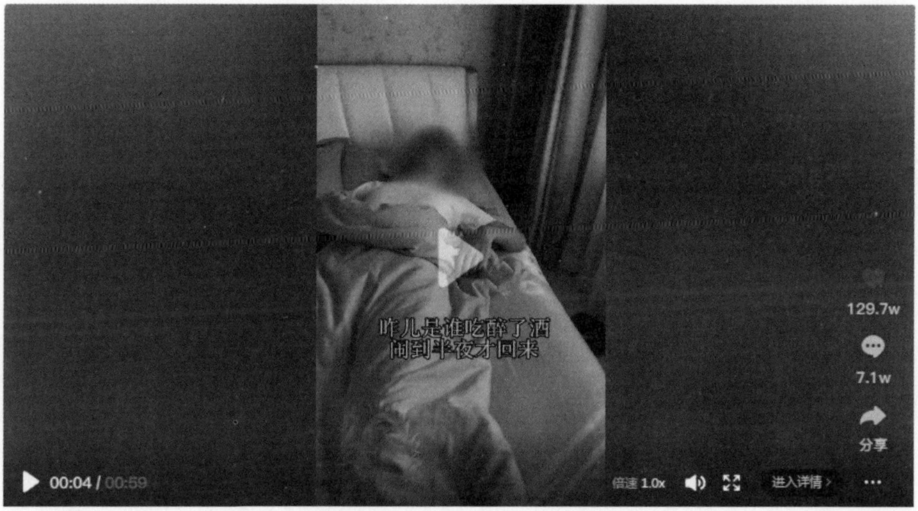

图 17-9　视频“声优老婆如何叫老公起床～”

小蝶：（林黛玉口吻）哟，昨儿是谁吃醉了酒，闹到半夜才回来，这回子乏透了身子，活该起不来了。呸！

老公：（翻身继续睡，嘟囔）媳妇，你用女儿国国王口吻叫我起来。

小蝶：御弟哥哥，你就睁开眼睛吧！只要你睁开眼睛看看我，我不相信你两眼空空。哥哥，你就睁开眼睛吧！

老公：（眯着眼睛，还是不起）你再用容嬷嬷口吻叫我起床。

小蝶：天亮了还不起床，你以为你有一张漂亮的小脸蛋，就能赖床不起吗？说，是谁让你睡懒觉的？你想勾引皇上是不是，你想当娘娘是不是？

该视频在听觉上的刺激特别强烈，前后分别模仿了林黛玉、女儿国国王以及容嬷嬷的口吻催丈夫起床，让一个原本特别平常的场景变得与众不同，特别是听到 3 种不同的口吻更是让人忍俊不禁。

以上抖音视频案例只是成功运用“感官刺激”这一招的一小部分，还有很多其他的成功案例等待着大家去学习和挖掘。

3. 注意事项

在运用“感官刺激”这一招时，需要注意以下 3 点。

第一，如果想给观众留下深刻印象，感官刺激是首要因素，虽然并不要求把“感官刺激”这一招运用得出神入化，但起码要保证基本的视觉和听觉感受。

第二，要站在观众的角度去创作，体验视频是否具有足够的感官冲击力，从而达成最佳的视频效果。

第三，要把握感官刺激的尺度，不要为了达成感官刺激的效果而走向“分享美好生活”的反面。

第十八招　剧情反转

所谓“剧情反转”，就是故事情节在发展过程中突然发生反转，使情节的发展与观众脑海中的预设完全不同。

抖音上的大多数视频在15秒以内，内容创作者们必须懂得如何调起用户的好奇心，“快速吸引”用户观看视频：第一眼是诱饵，中间新奇有趣的情节推动用户继续往下观看，最后呈现出反转的精彩点，实现整体剧情的升华。因此，反转剧情设计作为其中的关键环节，逐渐成为很多爆款视频的标配。

1.“剧情反转”的优点

在抖音平台上，经常会看到使用了“剧情反转”这一招的短视频。之所以有这么多博主使用这一招来创作内容，与其有多重优势是密切相关的，主要包括以下两点。

（1）打造网红的利器

剧情类视频相对于其他类型的视频更容易给人留下印象，很多博主都是通过“剧情反转”这一招走红抖音的。剧情反转的短视频内容因为构思精巧、悬疑不断，容易让观众欲罢不能，进而点赞、关注、转发，从而使视频的影响力进一步扩大。

（2）方便植入广告

对于大多数抖音博主来说，接广告是其变现的重要方式。因为剧情类视频通常容易吸引用户观看，因此可以将广告内容自然而然地植入剧情中，不仅能降低观众对广告的反感，而且能最大限度地实现广告主的品牌曝光。

2. 适用“剧情反转”的视频类型

抖音上常见的剧情反转类视频主要包括以下 4 种类型。

（1）性别反串式反转

代表账号：小马只有一米九。

“小马只有一米九”联动“三只狗子”的账号，一起讲述身高一米九的女生小马及其闺密在日常生活中遇到的各种恋爱问题。特别是当闺密们遭受到来自男友的欺骗等问题时，小马就会打扮成男生，为闺密找回面子。这种反串带来了强烈的视觉反差，不仅满足了女性观众对好男友、好朋友的向往之情，也让用户在点开视频时怀有疑问和期待：这一次，小马和她的闺密们又会讲述什么样的故事呢？

（2）身份、形象的反转

代表账号：陈七七。

身份、形象类的反转被广泛运用于多种类型的视频中。原本主人公因为长相及穿着不够亮眼而被贬低、羞辱，经过化妆、变装后，或者是被其他人揭示了真实身份后，以全新的形象出现，实现了身份及形象的瞬间反转，原本嘲笑、羞辱主人公的人也被其教训，让观众在剧情中得到了一种“大仇得报”的快感。

（3）搞笑短剧中的剧情反转

代表账号：陈翔六点半。

在很多搞笑短剧中，剧情反转也是经常被使用的一种方式。通过设计让人啼笑皆非的结局，不仅可以增强剧情的戏剧性，放大喜剧效果，更能增加用户观看视频的娱乐体验。

如在陈翔六点半发布的剧情类视频中就大量使用了“剧情反转”这一招，一次次颠覆用户对剧情的预想。原本以为是煽情走向的结局，却突然扭转画风，形成了意料之外的“笑”果；原本以为已经完结的故事，却遭遇意想不到的转折……在反转之中，搞笑短剧的趣味性得以提升，同时也带动了用户的参与性。

除了陈翔六点半以外，“灵魂化妆间”“美少女小惠”等多个账号也经常运用“剧情反转”这一招。

（4）悬念式反转

代表人物：名侦探小宇。

名侦探小宇是以女性安全防范问题为主题的推理账号，将日常生活中发生的真实案例改编为一个个简洁的视频短剧。通常，在视频的前半部分呈现女性遭遇的各种看似正常的生活情景，增强观众的带入感；在视频的后半部分，小宇通过揭示这些看似正常的生活情景中不合理的部分，及时制止危险的发生，并且还原事情的经过。在“剧情反转”的过程中，讲述有关女性自我保护的实用方法，调动用户紧张心理的同时，也让整个故事更有说服力和可看性。

以上 4 种都是当下抖音平台上比较常见的剧情反转视频类型。

3. 案例解析

为了让大家更好地理解“剧情反转”这一招的用法，为大家讲解 3 个经典的案例。

（1）陈翔六点半

“陈翔六点半”是由陈翔导演的活跃于多个短视频平台的爆笑迷你剧情号，以各种夸张幽默的方法讲述了生活中无处不在的搞笑事件。该账号在抖音拥有 6492.5 万“粉丝”，收获 6.9 亿赞，是该平台上的顶流账号，如图 18-1 所示。只要是经常浏览抖音的用户，基本上都观看过该账号的视频。

图 18-1　抖音“陈翔六点半”账号主页

下面以其短视频“是爱情，让父子相认”为例，看其如何在不足 2 分钟时间内，运用“剧情反转”这一招展现出这个有趣的故事。该视频收获 141 万赞，2.5 万条评论，如图 18-2 所示。

蘑菇头：球球，我追了你 3 年了，你就答应我，好不好？我求求你了。

球球：我都跟你说多少次了，我们是不可能的。

蘑菇头：我想好了，以后在家里洗衣服、做饭、看孩子都我来，挣钱都给你花，孩子都跟你姓，我跟你姓窦姓，我求求你答应我吧！

图 18-2　视频“是爱情，让父子相认”

球球：不可能！不可能！不——可——能——我跟你说，你再不走我就报警了！

蘑菇头：你别报，会累的，我帮你报。

球球：神经病！

大爷：小伙子，你这么做是不是太掉价了？对于一个不爱你的女人，你这么做，值得吗？

蘑菇头：可是，我真的爱她。

大爷：小伙子，听大爷一句劝，强扭的瓜不甜。放下吧！作为男人，最重要的是尊严。如果你得到她，你能真正的快乐吗？

（蘑菇头离开。）

大爷：哎，老吴你回来啦！

老吴：哎呀，我跟你说多少回了，你不要来蹲我了，我们俩是不可能的。

大爷：我都等你 50 年了，就给我一次机会吧！你老伴都走两年了，你就考虑考虑我吧！哎，刚才我还把骚扰你姑娘的那个小伙子给撵跑了，你就答应吧！

老吴：保安，保安！

大爷：你怎么又喊保安了？

老吴：保安，保安！

大爷：（边跑路边哀求）行，我走，我走。老吴，再给我一次机会吧！

蘑菇头：大爷，吾辈之楷模啊！哈哈，球球，答应我吧！

大爷：老吴，嫁给我吧！

蘑菇头：哦，对了，大爷，如果咱俩都成功了，那我还得管你叫爹喽！

大爷：那当然了，儿子，咱们爷俩加油！

蘑菇头：加油！

大爷：老吴，我爱你！

蘑菇头：球球，我爱你，答应我吧！

大爷：嫁给我吧！

蘑菇头：我也爱你啊！

在这个案例中，能看到剧情反转的设计。蘑菇头向球球表白时，被大爷劝说："小伙子，你这么做是不是太掉价了？对于一个不爱你的女人，你这么做，值得吗？""小伙子，听大爷一句劝，强扭的瓜不甜。放下吧！作为男人，最重要的是尊严。如果你得到她，你能真正的快乐吗？"但是，当球球的妈妈老吴出现时，大爷立刻上前百般讨好，自己也做了对女性死缠烂打的"掉价"行为。在这样的剧情反转中，整个视频显得构思精巧，出人意料。

（2）彦儿

“彦儿”这个账号主打的是精致美貌的女主角在不同情境下发生的故事。高冷中带着潇洒的视频风格，使其与其他博主区别开来，具有很强的辨识度。该账号在上传了 230 多个视频后，收获了 1099.3 万“粉丝”和 1.6 亿个赞，如图 18–3 所示。该账号发布的视频，整体质量比较高，因此都获得了 40 万以上的赞。

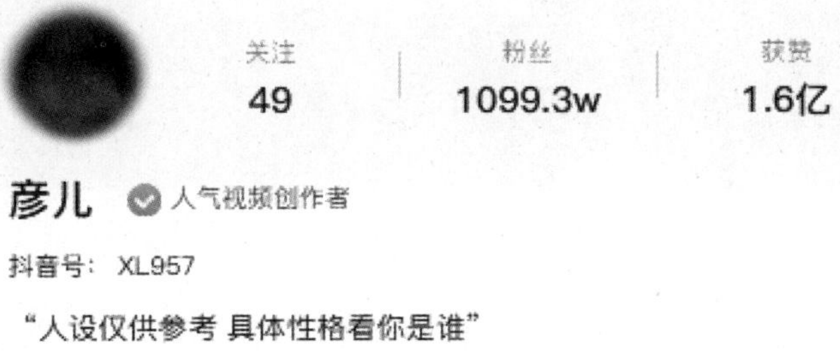

图 18-3　抖音“彦儿”账号主页

下面以“彦儿”的短视频“你会喜欢上闺密的男友吗?”作为拆解案例，分析其是如何运用“剧情反转”这一招的。该视频获得了 88.1 万赞，1.1 万条评论，如图 18–4 所示。

（闺密和未婚夫的订婚现场）

围观群众：不愧是女方父母亲自挑选的女婿，一表人才啊！

闺密：（看到刚出现的彦儿）你怎么才来呀？

彦儿：订婚快乐！

闺密：喏！生日礼物！（送上一个气垫粉饼）大理石外观好看吧！我挑的，你肯定喜欢！

图 18-4　视频“你会喜欢上闺密的男友吗？”

彦儿：谢谢。

闺密：我有事先走啦！

（楼梯转角窗户前，彦儿撞到了闺密的未婚夫）

未婚夫：不好意思。

彦儿：没事，我故意的，想让你对我印象深刻。

闺密：（正准备推开休息室的门）彦儿，我来了……

彦儿：喜欢我是嘴上说说的吗？

闺密：（自言自语）好啊，谈恋爱都不跟我说！

未婚夫：消消气，这不就来找你了？

（闺密看着阁楼上的彦儿和未婚夫）

未婚夫：你最近的皮肤像奶油一样，比平时更好看了。

闺密：为什么是他？

彦儿：这个3D微光的立体妆效，是比普通气垫高级一些。果然，你看中的，我都会喜欢。你看你，妆都哭花了。

未婚夫：别理她了。这会儿她父母应该把公司股份都转让给我了。

彦儿：叔叔阿姨，你们听见了吗？

闺密父母：让他滚！

（画面一转）

闺密：我怕他另有所图，需要你帮个忙。

这条视频从订婚宴上3人的见面出发，刚开始彦儿参加闺密的订婚宴，并且收到了来自闺密的礼物，可以看出两个人关系很好。画面一转，就出现了第一次反转，彦儿在勾引闺密的未婚夫。这时观众会认为彦儿第三者插足的行为让人不耻。撞破两人“奸情”的闺密非常心痛地问彦儿为什么要抢自己的未婚夫。正当未婚夫炫耀自己已经成功获取闺密父母赠送的股份时，迎来了第二次反转，原来彦儿并不是想要勾引闺密的未婚夫，而是想让大灰狼露出自己的尾巴，看其是否对闺密另有所图。看到这里，观众会以为这一切是闺密父母安排的。随后又来到了第三次反转，从剧情中得知，原来这一切是闺密自己策划的。

通过3次反转，掌握了整个故事的脉络：闺密一家很有钱，父母给闺密介绍了这个对象，要两人结婚。虽然未婚夫看上去很好，但是闺密害怕未婚夫对自己家另有所图，因此暗中找彦儿帮忙，要她去试探未婚夫是否靠谱。结果鱼儿很快上钩，她们证实了未婚夫根本就不爱闺密，只是为了她家的公司股份。

(3)朱一旦的枯燥生活

“朱一旦的枯燥生活”以老板朱一旦的视角，展示他身边的各色人物与事件，朱一旦有趣的面瘫表情与配音成为该账号的经典符号。作为从 2019 年起全网爆红的短视频账号，其黑色幽默的风格赢得了广泛的赞许。该账号现存发布视频 273 个，获得 734.5 万“粉丝”，6618.6 万赞，如图 18–5 所示。

图 18–5　抖音“朱一旦的枯燥生活”账号主页

下面以“朱一旦的枯燥生活”发布的短视频“这次相亲，忘记了戴劳力士”为拆解案例，如图 18–6 所示。

每月一次的相亲：这个女孩儿上来就问我一个月能挣多少，我伸了个“八”，她才勉强把鞋脱掉，故作淡定地表示，8000 元不少。还没等我解释是 80 万元，她就看见了我的小牛电动车钥匙，上了个厕所，我们就再没联系上过。

(一个月后)但是缘妙不可言，此时此刻，我坐在我的小牛电动车上，她坐在宝马副驾驶上，她男友在地上修车。本着一日相亲百日恩的友情，我给她变魔术，从车上变出了我的行驶证，那场面一度十分尴尬。男友起身看见借给他车的老板更尴尬，为了他俩的爱情，我赶紧撒谎表示，车租给她男友时忘了拿一样东西，而后我用带着劳力士的手拿走了我另一块劳力士，开着电动车赶紧溜之。我真是机智。唉，有钱人的生活，往往就是这么朴实无华。

女生：我最讨厌的就是人家骗我。（转身坐上了朱一旦的电动车）

图 18-6　视频“这次相亲，忘记了戴劳力士”

在这个相亲视频中，主要包括以下 3 次反转。

第一次反转，女孩刚刚说完“8000 元不少”，观众以为她对朱一旦的条件是满意的，没想到看到小牛电动车的钥匙之后，她上个厕所就跑路了。

第二次反转，女孩坐在宝马副驾驶位上，朱一旦坐在小牛电动车上，原本以为成功攀附上有钱人的女孩会奚落朱一旦，结果剧情反转，朱一旦才是宝马汽车的所有人，而她攀附上的“有钱男朋友”只不过是租了朱一旦的车而已。

第三次反转，女孩骂骗了自己的男友，说“最讨厌的就是人家骗我”。

实际上，朱一旦也骗了她，她却转身坐上了朱一旦的电动车。

整个故事揭露了相亲过程中嫌贫爱富的种种画面，剧情反转中让人感受到对真实世界的批判。

4. 注意事项

使用“剧情反转”这一招，虽然好处很多，但在执行过程中会面临不少问题，主要包括以下 3 个方面。

（1）执行难度难以把控

从执行难度来说，想要用好“剧情反转”这一招，对于内容创作的要求很高。因为讲好故事很难，讲好一个出人意料的故事更难。比如，朱一旦的枯燥生活一度靠着反转类剧情爆火，但是自从其编剧 / 配音 / 导演张策出走之后，该账号的数据情况就一落千丈，再没有出现爆款视频。

针对这一点，在前期就需要通过合同等形式将核心人员及后期的权益划分清楚，避免因为核心成员流失，造成重大损失。

（2）前期投入成本较高

从投入成本来说，一个主打“剧情反转”这一招的账号，至少需要配置 2～3 个人的团队，演员、编剧及导演，人力成本不低。另外，还需要购买昂贵的拍摄设备。因此，在前期没有广告及其他账号变现的情况下，需要投入较高的成本。

如果想降低前期的投入成本，在人员方面，最好能一人兼多职，对于内容创作、内容拍摄、视频剪辑及账号运营各个环节都能负责；在账号试运营过程中，也可以先以借用或者租用设备的形式，满足拍摄需求。

（3）内容抄袭问题严重

在抖音上，一个剧情反转类视频爆火后，随之而来的将是无数的抄袭者。别人会直接利用你的创意进行翻拍，也无法控诉其剽窃。作为原创者，前期辛苦创作，却未必会比后者获利更多。

面对抄袭问题，大家自然是愤怒的。要想更好地维护自己的创意，可以通过尽可能地突出账号的特色来降低被抄袭的概率。例如，李子柒的仙气飘飘，即便大家照着她的视频内容来翻拍，也难以复制其调性。

总而言之，要想用好“剧情反转”这一招，关键要靠硬实力。好内容，才是一个账号的核心。